次世代教師シリーズ

英語がしゃべれる人になりたい!

"小学生の夢を叶える"
移行期のカンペキ準備

ALTに頼らない!
担任主導で授業が出来る!
英語ビギナー向け情報満載!

小林智子 著

☀ 学芸みらい社
GAKUGEI MIRAISHA

まえがき

「担任が授業をするより、発音のよい ALT が教えた方がいいのではないでしょうか。」

　校内研修でお招きしていただいた時、あるいは、これからの英語の授業についての話になった時、このようなご質問を、幾度となくお受けし、それにお答えしてきました。

　文部科学省事業、英語教育強化地域拠点事業のコーディネーターとして 3 年間、県の英語教育アドバイザー教諭として 1 年間の計 4 年間、担任の先生による英語の授業、担任と ALT による T.T での英語の授業、ALT 主導の授業、外部講師の方の授業を見てきました。他県の研究授業を見る機会もいただきました。

　どの形態の授業にもよさがあり、課題があります。完璧な授業を追い求め、日々改善に改善を重ねていくことが、教師の重要な仕事の一つであると思っています。

　この中のどれか一つが素晴らしく、どれが絶対にダメ、ということはありません。子どもたちが楽しく授業に参加でき、「できるようになった」と実感し、子どもたちに力がついていれば、どなたが授業をしてもよいのだろうと思います。

　大切なのは、

　日本の教育に責任を負っているのは誰か。
　目の前の子どもたちが、10 年、20 年経った時、困らないように、活躍できるように、という見通しをもって、日々教育活動に勤しんでいるのは誰か。

ということであり、それは、まぎれもなく、私たち教師だ、ということです。

　他にも教えるべきことがたくさんあり、たくさんの仕事を抱え、さらに英語まで……という声を聞く一方、子どもたちの将来を考え、真剣に小学校英語教育に取り組もうとなさっている先生方にもたくさん出会いました。

　そのような素晴らしい先生方と仕事をする中で、先生方が英語教育に取り組む上での一助となればと思い、執筆しました。

2018 年 6 月

小林　智子

◆ 本書の使い方 ◆

　5、6年生で「外国語活動」として行われてきた授業が、2020年から教科「外国語科」となり、そして、外国語活動は、3、4年生から行われることになりました。
　それに備えて、文部科学省からは、新テキストも出されました。デジタル版も作成され、各小学校にDVDが配付されました。さらに、単元計画と授業案も、パスワード付きで各小学校に公開されています。しかし、現場は混乱を極めています。
　　誰が授業をするのか。
　　これまで通りでよいのではないか。
　　何を変えたらいいのか。
　　何から始めたらよいのか。
　小学校で担任をしたことがあり、児童の発達段階、それぞれの学年における実態を把握している先生が授業をする、あるいは関わることができれば、それが一番子どもたちにとってよいのではないかと考えます。
　本書は以下のようにご活用ください。
　①英語を教える自信がない時
　　→第1章を読んで、実際にやってみる。
　②なんとなく授業は流れるけれど、もっと子どもに力をつけたい
　　→第2章を読んで、文科省の単元計画、授業プランを工夫する。
　③専科として教えているが、小学校のスタイルがわからない
　　→第5章を読んで、小学校での授業に必要なことを知る。
　④校内全体で取り組みたい時
　　→第1章及び第4章を読み、校内で模擬授業をしてみてください。

も　く　じ

はじめに

I　英語がしゃべれる人になりたい
― 子どもの夢が叶う授業づくり

1 教師が正しい発音でないとダメ？ ……………………… 9
　　―とにかく一度授業をしてみる

2 担任が主導するのが王道 …………………………………… 11
　　―そのメリット

3 担任主導の授業体験のモデル …………………………… 12
　　―まず1人でやってみよう「10〜15分の授業」

　　① 10〜15分間の授業を1人でやってみよう　12

　　　{実例}・まずは単語フラッシュカードから！

　　　　　　・「色」のフラッシュカードを使った単語練習

　　② フラッシュカードだけでできる「ゲーム・活動」　14

　　　{実例}・色タッチ1

　　　　　　・色タッチ2

　　　　　　・仲間集めハイタッチ

　　　　　　・ペアレース

　　　　　　・キーワードゲーム

　　③ フラッシュカードだけでできる！「会話活動」　20

　　　{実例}・フラッシュカードだけでできる！ 会話活動

　　④ フラッシュカード＋かるたカードでできる楽しいゲーム・アクティビティ　23

　　　{実例} かるた活動の具体例

　　　{実例} かるたカード以外の活動

4 子どもが話せるようになる！ 秘密の指導法 ·········· 33
　　－三構成法

5 ティームティーチングをうまく進めるコツ ················· 37
　　－感謝の気持ちを伝えよう

6 担任の英語力アップのヒント ································· 39
　　－ ALT に進んで話しかけよう

Ⅱ 移行期スタートダッシュ！ 大作戦のヒント

1 新指導要領改訂の重要ポイントはここ ··············· 41
　　－時数増内容の高度化等
　　1　大きく変わること　41
　　2　目標・内容から読み解く今後求められる力　42
　　3　「話すこと」が2技能に～「やり取り」と「発表」　45
　　4　内容の高度化　50
　　5　「読むこと」「書くこと」の指導開始　54
　　6　教科としての「評価」　63

2 1時間の授業の流れの作成法 ······················· 65
　　－三構成法でつくってみよう
　　1　1時間の授業の構成～様々なパーツを組み合わせよう　65
　　2　効果的な各パーツの活用ポイント　67

3 この教材があれば怖くない！ ······················· 75
　　－自作ワークシートを使った活動
　　1　インフォメーションギャップ　何時に起きる？　75
　　2　誕生日インフォメーションギャップ　77
　　3　ビンゴ　78
　　4　「ICT 教材」　79

もくじ　5

4 授業を決める！ 状況設定の工夫 ……………………………… 80
  －状況設定の工夫と明確なアクティビティを

　　① 状況設定（導入・アクティビティ）を工夫しよう　80

　　② 状況設定の工夫―３年生「This is for you.」全５時間計
　　　画　81

　　③ 状況設定の工夫―４年生「Let's play cards.」好きな遊び
　　　を伝えよう　85

　　④ 状況設定の工夫―５年生「What do you have on
　　　Monday?」98

　　⑤ 状況設定の工夫―６年生「unit 4 I like my town.」自分
　　　たちの町・地域　105

　　⑥ １授業に１つから！ クラスルーム・イングリッシュを使
　　　おう　108

　　　{実例} イラストでわかるクラスルーム・イングリッシュ
　　　　　　 ～こんなときこう言おう

Ⅲ 文科省カリキュラムを基盤にする 移行期の年間指導計画・単元計画

1 年間指導計画を見直そう ……………………………………… 121
  －３年の What's this をこう組み立て直すと

　　① 移行期の年間指導計画・３年生　123

　　② 移行期の年間指導計画・４年生　124

2 単元計画の作成・見直し ……………………………………… 125
  －移行期間中のポイントはここ

　　① ３年生単元計画　第４単元　126

　　② ４年生単元計画　第７単元　127

　　③ ５年生単元計画　第９単元　128

4 　6年生単元計画　第5単元　130

Ⅳ　本格実施に備える！移行期2年間でやること

1　移行期1年目─短い時間でできる！ 効果的な校内研修 ……………………… 133
─参加型の研修アラカルト
1 　校内研修でおすすめの活動　133
2 　模擬授業をしよう　137

2　移行期2年目─評価の研修はどう行うか ……………… 138
─数値による評価をどうするか
1 　評価の研修─ポイントはここだ　138
2 　今できること─授業中の見取り、観察　140
3 　先進校の取り組みを参考にする　141
4 　中学校の協力研究　141

Ⅴ　英語専科として移行期間にすべきこと

1　中学校英語教師が小学校で外国語の授業をする場合 ……………………………………………………………… 142
（1）　新たな教科を教えるつもりで、教材研究をする　142
（2）　小学生の発達段階・特別支援教育について学ぼう　144

2　小学校教師が専科教諭になる場合 ……………… 145

3　専科教諭として2年間にやるべきこと ……………… 145

もくじ　7

4 他の教科の授業を積極的に参観しよう ⋯⋯⋯⋯⋯ 146

5 楽しい雰囲気で授業を始める工夫 ⋯⋯⋯⋯⋯⋯⋯ 147

6 小中連携を推進する ⋯⋯⋯⋯⋯⋯⋯⋯⋯⋯⋯⋯⋯ 148

Ⅵ 小学英語授業づくりへの 不安・疑問に応える QA ⋯⋯⋯⋯⋯⋯ 149

Q1 テンションを上げるのが苦手です 149

Q2 文字指導はどのように行ったらよいでしょうか 150

Q3 勤務校では、「Repeat after me.」はダメだとされています 151

Q4 慣れ親しみと言われて、単語練習がだめだというような
雰囲気があります 152

Q5 単元のゴール活動で、お店屋さんなどを設定することが
ありますが 153

Q6 チャンツの扱いについて 154

Q7 外国語・外国語活動主任として何を行えばよいですか 155

Q8 何かしなくてはならないのはわかりますが、
何から始めたらよいのかわかりません 156

Q9 文科省から出された We Can! や Let's Try! は
どのように扱えばよいでしょうか 157

I 英語がしゃべれる人になりたい
― 子どもの夢が叶う授業づくり

教師が正しい発音でないとダメ？
― とにかく一度授業をしてみる

「きちんとした発音がよいのではないか。」
「正しい英語を聞かせたほうがいいのではないか。」

この議論は度々起こります。
きちんとした発音とは何でしょうか。
アメリカ英語？　イギリス英語？　オーストラリア英語？
なまりのある英語は本物ではないのか？　正しくないのか。
第二言語として英語を使っている国の人の英語は、正しくないのか？
「正しい発音」の捉え方は、ネイティブにとってもまちまちなのです。
　私は「発音の問題は一度置いておいて、まず、一度授業をやってみてください。」とお答えします。そして、先生方がすぐにできる活動を紹介し、すぐに模擬授業をします。模擬授業でやったことを、子どもたちに授業をした先生方からは、
「子どもたちがいつも以上に声を出していた。」
「子どもたちが積極的に取り組んでいた。教師も自信をもってできた。」
「ALTといつも以上に協力してできた。」
という感想をいただきました。
　私がよく先生方にご紹介する文章があります。
　上智大学教授、和泉伸一氏の言葉です。

　大切なのは、多少カタカナなまりがあっても、単語や語順が間違っていても、できるだけ英語を使おうとする、そしてそれを楽しむ姿を、担任の先生が子供たちに見せることです。自分もまだ上手じゃないけど、一緒に頑張ろうよ、これでいいのです。実際、楽しそうに頑張る先生が、子供の英語学習のロールモデルになっている、これは調査結果にも表れています。
「小学校ならではの強みを生かした英語教育を」上智大学外国語学部英語学科教授　和泉　伸一
YOMIURI ONLINE　http://www.yomiuri.co.jp/adv/sophia/opinion/opinion_03.html

「実際、楽しそうに頑張る先生が、子供の英語学習のロールモデルになっている。」ということを、私は日々実感しています。

　２つ目に、コミュニケーションを取る上で、一番大切なことは発音ではない、ということです。

　「正しい発音」を押し付けすぎるがために、英語を話すことが怖くなり、自信がもてずに声が小さくなってしまった子どもたちを見たことがありました。大人もそうですが、話してすぐに直されたら、話すことが怖くなってしまいます。

　ネイティブの英語を聞かせることを否定しているわけではありません。発音よりも何よりも、まずは、「相手に伝えよう」という気持ちが大切なのではないでしょうか。

　「正しい発音でないから教えられない。」＝「正しい発音でないから子どもたちの前で英語を話したくない。」という教師の気持ちが、子どもたちに伝わることのほうが、弊害があるように思えます。

　もちろん、英語を教えようとするのですから、今後、発音に関する研修も少しずつ行っていく必要があるでしょう。

　しかし、「発音が正しくないから……」と教師自身が話すことを避けてしまっては、子どもたちもそれでいいのだと思ってしまいかねません。ネイティブや英語が堪能な人の英語も聞き、色々な先生の英語を聞きながら、自分がまねしようと思ったものをまねしていくでしょう。

　上智大学教授の吉田研作氏は、次のように言っています。

　国際社会で話されている英語のうち、３分の２は「英語のノンネイティブ・スピーカー」によるもので、発音も文法も、実はネイティブのものとは違います。それでもお互いに理解でき、話し合いや交渉は問題なく行われている。日本人には、英語はネイティブのように話せなくてはいけないという固定観念が強いのですが、それを捨てる必要があるのです。

『「使える英語」を遠ざけている教育界の、そして日本人の意識とは』
上智大学言語教育研究センター教授　吉田研作
YOMIURI ONLINE　http://www.yomiuri.co.jp/adv/sophia/sophian/sophi_08.html

---

　まずは、子どもが相手に伝えたい内容をもつこと、伝えようとする意欲をもつことが大切です。

　小学生の段階、特に、習い始めの頃には「英語を使って話したら楽しかったから、外国の人とも話してみたい。」という気持ちをもたせることを重視したほうがよいのではないかと考えます。

2　担任が主導するのが王道
―そのメリット

　ここでいう「担任主導」とは、ALTや外部講師とティームティーチングをする時に、T2に任せきりにせず、授業づくりや授業にT1として関わる、ということです。

メリット1　子どもにとってのよいロールモデルになれる

　担任の先生が一緒に楽しんで教えている学級では、子どもたちも生き生きとしています。担任の先生が、完璧な英語ではなくても、簡単な英語でも、英語を使って授業をしていると、子どもたちはさりげないやり取りの中でも、英語を使おうとしますし、英語で話せば、自然に英語で反応します。これは、発音に厳しくしすぎている場面では、見られないことです。

　英語を覚えるには、まず、英語を言ってみることが大切です。

メリット2　他の教科での指導を活かせる

　小学校教師は、様々な教科を教えています。

　教材研究、教材の作成、準備、管理、など、1つの授業のために様々な作業をしています。これらを外国語にも活用することができます。算数の授業でわかりやすい図やイラストを使っている先生が、英語の授業でつくる教材を作成した時、とてもわかりやすいものができました。

　また、外国語の「話すこと」「聞くこと」の評価に関しても、今後、「音楽」「体育」などの技能教科での評価が生きてくるのではないかと思っています。

メリット3　子どもの実態に応じた活動を選択できる

　学級の実態に応じた活動を選択し、取り入れることができます。

　例えば、

「歌が好きだから、英語の歌を最初に入れよう。」

「家庭科で栄養素の勉強をしたから、What would you like? の授業とリンクさせよう。」

「遠足で尾瀬に行ったから、街のよさを紹介するところに尾瀬に関する単語を教えよう。」

というように、担任の先生ならではの工夫ができます。

　移行期の間に、45分間中の5分間でもいいので主導してやってみてください。

Ⅰ　英語がしゃべれる人になりたい　　11

3 担任主導の授業体験のモデル
— まず1人でやってみよう「10～15分の授業」

1　10～15分間の授業を1人でやってみよう

実例　まずは単語フラッシュカードから！

　単語フラッシュカードは教師側の作業手順が少なく、とりかかりとしてはとてもやりやすいものです。どうしても発音が気になる人は、教える5つの単語だけ、ネイティブに教えてもらったり、オンラインの辞書や電子辞書を使ったりして、発音をチェックしましょう。

フラッシュカードのめくり方

①フラッシュカードを5枚程度用意する。
②カードの裏に英単語が書いてあることをチェックする。
③カードは後ろから前にめくる。めくる前に、単語をちらっと見る。
　（慣れれば、子どもたちを見ながらめくれます。）
④基本の型をマスターする（2回→1回→0回）。
　2回リピートをさせる。
　　↓
　1回リピートさせる。
　　↓
　子どもたちだけで言わせる（0回）。

フラッシュカード1～3（東京教育技術研究所）

この流れが基本となります。まずはこの流れでやってみましょう。
このあとに下のような流れを付け足すと、さらに発話の回数が増えます。
カードをバラバラにしてランダムに言わせる。
　↓
男子だけ、女子だけ（立って言わせる）。
　↓
列指名をしてほめる。（学芸みらい社『「外国語活動」（英語）授業の新法則』p.65より）

なぜカードを後ろからめくるの？
　授業をする上で教師の「目線」はとても重要です。どの子が言っているのか、どの子が言っていないのか、楽しそうにしているか、等、子どもたちを見ながら進めていく必要があります。カードの裏に単語を書いておき、めくりながらちらっと見ることで、子どもを見ながら

カードをめくることができます。

実例 | 「色」のフラッシュカードを使った単語練習

単語練習は、次のように行うと効果的です。

◎**対象** 1〜6年

◎**準備物** 色のフラッシュカード（B5〜 A4）
red, blue, pink, green, yellow

	T：教師　　　S：児童　　　Ss:：全体
2分	単語練習 2回→1回→0回 （2回） T：Repeat! red 　　Ss：red T：red 　　　　　　Ss：red T：blue 　　　　　 Ss：blue T：blue 　　　　　 Ss：blue T：pink 　　　　　 Ss：pink T：pink 　　　　　 Ss：pink T：green 　　　　　Ss：green T：green 　　　　　Ss：green T：yellow 　　　　 Ss：yellow T：yellow 　　　　 Ss：yellow （1回） T：red 　　　　　　Ss：red T：blue 　　　　　 Ss：blue T：pink 　　　　　 Ss：pink T：green 　　　　　Ss：green T：yellow 　　　　 Ss：yellow （0回）教師はカードをめくるだけ Ss：red, blue, pink, green, yellow T：Very good!

　子どもがよく知っている単語だったら、1回リピートさせたら子どもに言わせることもありますが、基本的にはこのように行います。

I　英語がしゃべれる人になりたい　　13

2 フラッシュカードだけでできる「ゲーム・活動」

　小学校の先生は、英語の授業だけをやっているわけではありません。他の授業も同時進行で行っています。休み時間には宿題をチェックしたり、日記を読んだり、子どもと遊んだりして過ごすことが多いでしょう。他の教科の準備をしながら、英語だけに時間を割いているわけにはいかない、という声もお聞きします。

　もちろん、例えば果物や野菜の勉強ならば、模型のようなものがあったほうがいいですし、かるたカードがあったほうが、より子どもたちが惹きつけられますので、長期休暇や校内研修などで作業時間を設けて、少しずつ準備をしていきます。しかし、すぐに全てをそろえることは大変難しいです。

　そこで、とりあえず、「フラッシュカードがあればできる」活動をいくつかご紹介します。語彙を限定してありますが、他の語彙でも使え、転用可能です。

　知っておくと、いざという時に役立ちます。特に短時間学習（モジュール学習）では重宝し、2クラス以上あると、同じ教材がクラス数分必要になり、かるたを2クラス分用意するのは大変ですが、フラッシュカードならば、それほど大変ではありません。

　ここでは、そんな「単語フラッシュカード」だけでできる活動をご紹介します。授業の最後には、「必然性のある活動」を行う必要がありますが、ここでは、「慣れ親しませるための楽しい活動」を紹介します。最初はとにかく自分でやってみることから始めましょう。

フラッシュカードの大きさは？
○　机、椅子なしで実施する場合
　東京教育技術研究所　英語フラッシュカード1、2、3
　サイズが手頃で、大変めくりやすいです。

○　机、椅子ありで実施する場合
　A4サイズのものを自作します。スワン紙という紙がいいのですが、手に入りにくいため、厚めのケント紙で作成しました。文字指導に備え、英単語を下に入れるとよいでしょう。ラミネート加工すると光るため、おすすめしません。

実例	色タッチ1 （所要時間5分）

◎対象　1〜6年

◎準備物　色のフラッシュカード（B5〜A4）

　　　　red, blue, pink, green, yellow

◎内容　教室内を歩き回り、教師が言った色を、子どもたちが触る。

　　　　座ったまま、自分の文房具など身の回りのものを触るということもできる。歩いて、

　　　　教室内のものを触ったほうが楽しい。

1．単語練習をする。

　　フラッシュカードを用いて、単語練習を行う。

2．やり方を見せる（デモンストレーション）。

　　T：A君、help, please. Everyone, look!

　　　Touch blue!

　　A君：（青を触りながら）blue!

　　T：Very good! Everyone, blue!　　Ss：blue

　　T：blue　　　　　　　　　　　　Ss：blue

　　触ったあとに、しっかりと色を繰り返し言わせる。

3．活動開始

　　T：Everyone, stand up.

　　T：pink!　　　　　　　　　　　　Ss：pink, pink……

　　T：Everyone, repeat! pink!　　　　Ss：pink

　　T：pink　　　　　　　　　　　　Ss：pink

4．変化バージョン

　①子どもに色を言わせたり、2色同時に触らせたりしてもよい。

　②Open shut them の替え歌を歌い、歩き回りながら色を触ると楽しい。

　　歌詞　Open shut them Open shut them Give a little clap clap clap

　　　　　Open shut them Open shut them Touch something blue!

　　（メロディーは、Open shut them | Super Simple Songs (You Tube) を参考に）

　　　終わりにして座らせたい時には、

　　　Open shut them Open shut them Go back to your seats!

　　と、動作を示しながら座らせると、楽しく指示を出すことができる。

ポイント

　早く見つけた子だけでなく、きちんと色をリピートしていた子どもをほめることで、他の子もきちんと言うようになります。

I　英語がしゃべれる人になりたい　　15

| 実例 | 色タッチ2 （所要時間5分） |

◎対象　1〜6年

◎準備物　色のフラッシュカード（B5〜A4）

　　　　　red, blue, pink, green, yellow（実態に応じて増やす）

◎内容　教室内を歩き回り、ペアの友達が言った色を見つけて触る。

　　　　座ったまま、自分の文房具など身の回りのものを触るということもできる。歩いて、

　　　　教室内のものを触ったほうが楽しい。

1．単語練習をする。

　　フラッシュカードを用いて、単語練習を行う。

2．やり方を見せる（デモンストレーション）。

　　T：Bさん、help, please.　Bさん、先生、a pair.

　　　　Touch blue!

　　Bさん：（青色のものを触りながら）blue!

　　T：Switch!

　　Bさん：red

　　T：（赤色のものを触りながら）red

　　触ったあとに、しっかりと色を繰り返し言わせる。

3．活動開始

　　T：Everyone, make pairs.　Stand up. Start!

　　隣同士でペアをつくらせてから、活動をさせる。

　　1人の子がいたら、3人で活動するように指示をする。

4．変化バージョン

　①2色同時に触らせる。

　　T：Everyone, stop!　Cさん：Help, please.

　　T：Red and white.　Cさん：Red and white.

　　（言いながら赤と白を同時に触る）

　②それぞれに活動をした後、前頁の Open shut them を歌う。

　　色を児童に決めさせることで、より盛り上がるとともに、終わらせたい時には Go back to your seats. と歌うことで、活動を収束しやすくなる。

実例	仲間集めハイタッチ（所要時間 5 分）

◎対象　1〜6年
◎準備物　色のフラッシュカード（B5〜 A4）
　　　　　red, blue, pink, green, yellow（実態に応じて色を増やす）
◎内容　教師が黒板に貼った2〜3枚のカードのうち、好きなものを1枚だけ選んで、友達に伝
　　　　える。友達が同じ色を言ったら、ハイタッチをする。

1．単語練習をする。

　　フラッシュカードを用いて、単語練習を行う。

2．やり方を見せる（デモンストレーション）。

　　黄色と緑色のフラッシュカードを黒板に貼る（色は実態に応じて変える）。

　　T：Yellow, green which do you like? Don't say it.

　　T：D君、せーの（同時に色を言う）。

　　T：green!　D：green!

　　T：Yes!（と言って、ハイタッチ）。

　　T：Eさん、せーの。

　　T：green!　E：yellow!

　　T、E：Sorry. Bye!

3．活動開始

　　T：Everyone, stand up. Start!

4．変化バージョン

　　3色にする。

　　I like をつけて言わせる。

ポイント

　こだわりのある子がいる場合、2〜3色から選べない場合があります。

　そういった時には、単語練習の時に、「好きな色の時に立って言う。」という活動を入
れ、その子が好きな色をあらかじめ把握しておき、その色を選択肢に入れるとよいです。

Ⅰ　英語がしゃべれる人になりたい　　17

実例	ペアレース（所要時間5分）

◎対象　1～6年

◎準備物　数字や曜日、月のフラッシュカードのいずれか1種（B5～A4）

　　　　　1～10（実態に応じて数を増やす）

　　　　曜日　Sunday, Monday, Tuesday, Wednesday, Thursday, Friday, Saturday

　　　　月　　January, February, March, April, May, June, July, August, September, October, November, December

◎内容　ペアになり、交互に順番に単語を言っていく。

1．単語練習をする（ここでは例として数字だとする）。

　　フラッシュカードを用いて、単語練習を行う。

2．やり方を見せる（デモンストレーション）。

　①児童Aとやってみせる。

　②Aさん、Please help me.（立たせる）

　　教師と児童Aで、ペアになる。

　　T：one　A：two　T：three　A：four　T：five　A：six　T：seven

　　A：eight　T：nine　A：ten

　　Switch

　　A：one　T：two　A：three　T：four　A：five　T：six　A：seven

　　T：eight　A：nine　T：ten

　③指示　If you're finished, please sit down.

3．活動開始

　　T：Please make pairs. Ready, go!

　　ペアがつくれない子がいたら、教師が一緒にやるか、3人組になる。

4．変化バージョン

　　慣れたら10、9、8、7、6、5、4、3、2、1と逆から言わせる。

ポイント

　速く座ったペアに発表させることで、ほめたり、きちんと言っているかを確認したりできます。教え合っているペア、丁寧に言っているペアをほめるなど、色々なペアをほめるとよいです。

実例	キーワードゲーム（所要時間5分）

　よく行われる「キーワードゲーム」も、子どもの実態に応じて、様々な工夫をすることができます。

◎対象　1〜6年

◎準備物　扱いたい単語のフラッシュカード

◎内容　ペアになり、教師が言った単語の時に消しゴムを取る。

1．単語練習をする（ここでは例として色だとする）。

　　フラッシュカードを用いて、単語練習を行う。

2．やり方を見せる（デモンストレーション）。

　①児童とやってみせる。

　②A さん、B 君。Please help me. Come here!

　（2人の間に消しゴムを置く）

　③指示　This is the key word. When I say the key word, please take the eraser.
　　　　　The key word is "red". （キーワードを決めて、示す）

　④T：pink　A, B：pink　T：yellow　A, B：yellow　T：red

　（A、B は消しゴムを取る）

3．活動開始

　　T：Please make pairs. Ready, go!

　ペアがつくれない子がいたら、T2に入ってもらったり、3人組にして2つ消しゴムを用意させたりする。

4．変化バージョン

　　慣れてきたら「教師が単語を間違えたら取る」という活動にすると、カードを見る必然性が生まれる。

ポイント

　低学年の子どもや勝敗へのこだわりが強い子どもと行う場合には、消しゴムを使わず、「誰が速く手を挙げられたか」という活動にするとよいです。その場合、手を素早く挙げた子、まっすぐ挙げた子をほめます。消しゴムを出すことに時間がかかったり、勝負にこだわりすぎたりするため、本来の、「単語を言う」という目的からそれないようにしたいです。

Ⅰ　英語がしゃべれる人になりたい　19

③ フラッシュカードだけでできる！「会話活動」

　単語練習がスムーズにできるようになったら、このステップに挑戦してください。愛知県の小学校教師、井戸砂織氏が実践されたものです（詳細は、学芸みらい社『授業の新法則化シリーズ　外国語活動（英語）』をご覧ください）。

　What's this? と What flavor do you like? の授業が紹介されています。

　フラッシュカードだけで、ダイアローグ（対話文）を習得させることができるようになります。

　これまで、3年間、2つの学校全クラスで授業をしてきた中で、TOSS型英会話指導の要となる「三構成法」という流れが、児童に力をつけるのに、大変有効だと確信しています。

|三構成法|
①単語練習
②状況設定
（どのような場面で会話がなされているのかを推測できるように状況を設定すること）とダイアローグ練習
③アクティビティ

『授業の新法則化シリーズ「外国語活動」（英語）授業の新法則』
編集・執筆：TOSS「外国語活動（英語）」授業の新法則 編集・執筆委員会
企画・総監修：向山洋一
学芸みらい社

　三構成法で行う授業は、日本語で説明することなく、簡単な英語で、オールインイングリッシュでの授業が可能です。さらに、<u>様々なダイアローグでも転用ができます。</u>このステップを身につけるには、

①フラッシュカードを使って、過程がスムーズにできるようになるまで練習する。

②自分の授業の様子を録画し、カードが見えやすいか、心地よいリズムやテンポであるか、などを確認する。

③模擬授業をして、他の先生方に見てもらう。

　この3つを行うとよいです。特に③については、TOSSのセミナーで模擬授業者を公募することがありますから、そういった場で挑戦し、アドバイスをいただくとぐんと伸びます。

| 実例 | フラッシュカードだけでできる！　会話活動（所要時間15〜20分） |

◎対象　3〜6年

◎使用ダイアローグ　What color (sport, food) do you like?

◎準備物　色、スポーツ、食べ物などのフラッシュカード

1．単語練習（ここでは、色だとする）

　　フラッシュカードを用いて、単語練習を行う。

2．状況設定・ダイアローグ練習

　①全体に聞く

　　T：○○先生、I like pink!

　　　　Everyone, what color do you like?

　②個別に聞く

　　T：A君、what color do you like?

　　A：Yellow!

　　T：Very good! Repeat! I like yellow.

　　Ss：I like yellow.

　　T：Everyone, what color do you like?

　　Ss：I like 〜.

　③カードを見せながらリピート（答え方）

　　T：Repeat! I like pink.　　Ss：I like pink.

　　T：I like red.　　　　　　Ss：I like red.

　　T：I like yellow.　　　　　Ss：I like yellow.

　④カードを見せながら、教師が聞いて、児童が答える。

　　T：What color do you like?　　Ss：I like blue.

　　T：What color do you like?　　Ss：I like green.

　　T：What color do you like?　　Ss：I like red.

　　ここまでやったあと、T2がいれば、2人でカードセットをわけてめくり、見せて、好き

なほうの色を言わせると、自分の気持ちを伝えることになり、より一層楽しくなる。

　⑤個別指名して確認（カードを見せながら）

　　T：1, 2, 3 stand up. What color do you like?　　児童A：I like pink.　　T：Good.

　　T：What color do you like?　　児童B：I like blue.

　　T：What color do you like?　　児童C：I like pink.

　⑥聞き方の練習

　　T：What　Ss：What　T：What　Ss：What

　　T：What color　Ss：What color　T：What color　Ss：What color

　　T：do you like?　Ss：do you like?　T：do you like?　Ss：do you like?

I　英語がしゃべれる人になりたい　　21

T：What color do you like?　Ss：What color do you like?

T：What color do you like?　Ss：What color do you like?

⑦児童が聞いて、教師が答える

　T：（児童を指して）Question　（自分を指して）Answer

　Ss：What color do you like?　T：（カードをめくりながら）I like pink.

　Ss：What color do you like?　T：I like blue.

　Ss：What color do you like?　T：I like yellow.

⑧個別指名　聞き方の確認　※この時も、教師がカードを2枚見せるとより楽しい

　T：1,2,3 Stand up.　児童D：What color do you like?　Ss：I like yellow.

　児童E：What color do you like?　Ss：I like black.

　児童F：What color do you like?　Ss：I like red.

⑨チームごとに聞く練習

　（クラスを真ん中から左右にわけて）

　T：Team A, team B.　Team A, question, team B, answer.

　（教師は1、2枚カードを見せる）

　Team A：What color do you like?　Team B：I like white.

　Team A：What color do you like?　Team B：I like blue.

　Team A：What color do you like?　Team B：I like red.

　Switch!（交代）

⑩アクティビティ　仲間集めハイタッチ

　　○やり方を示す

　T1：Hello.　　　　　　　　　　児童A：Hello.

　T1：What color do you like?　　児童A：I like blue. What color do you like?

　T1：I like blue.

　T1、児童A、ハイタッチをする。　T1：先生、Aさん、one point! OK?

　　○指示を出す

　T1：Talk with many friends!　Ready, go!

※発展バージョン…2色選ばせて、2色とも同じ人を見つけられたら1ポイント。

4　フラッシュカード＋かるたカードでできる楽しいゲーム・アクティビティ

かるたカードがあると、さらにできる活動がぐんと増えます。かるたとして遊ぶことで、英語の音声とイラストを一致させることができるのはもちろん、様々な使い方ができます。

おすすめのかるたカードは、五色英語かるた１、２、３（東京教育技術研究所）です。

すでに学校で使用しているかるたがあれば、同じかるたをクラスの人数÷２セット分用意するとよいです。

他の先生方が使いやすいように、使ったら元に戻す、ということが原則です。使いたい時に、バラバラになっていては、すぐに使えません。カードを元に戻す時に、子どもに手伝ってもらうのもよいでしょう。

「五色英語かるた１、２、３」
　　（東京教育技術研究所）

かるたカードは、基本的には単語のカテゴリーごとに分類します。文科省からカリキュラムが出ていますので、Unit ごとに整理すると、さらに使いやすくなります。

カリキュラムに出てくる単語が、市販のかるたカードセットにはない場合があります。そのような場合には、ラベルシール（カットなし）と板目表紙があれば簡単につくれます。

Microsoft Word で、A4縦置きで、横３×縦３で表を作成します。その中にイラストを貼り、英単語を書き、ラベル紙に印刷します。

①A4ラベルシールにイラストを印刷
②板目表紙に貼る
③カットする
④裏に数字を書く（９セットつくるなら、１～９まで）

という工程です。次のページに例を示しますので、参考にしてください。

ラミネート加工より作業が楽です。

1. ラベル紙に印刷し、板目表紙に貼る。→2. 切って、番号を書く。→3. 1セット完成。

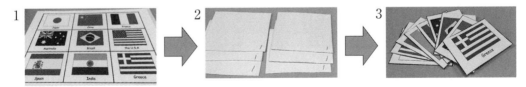

かるたカード分類の仕方

3年生向け文科省絵本 In the Autumn Forest の単元のカード。フラッシュカードとかるたカードがセットになっている。

かるたカードフォーマット例　A4　3列×3行

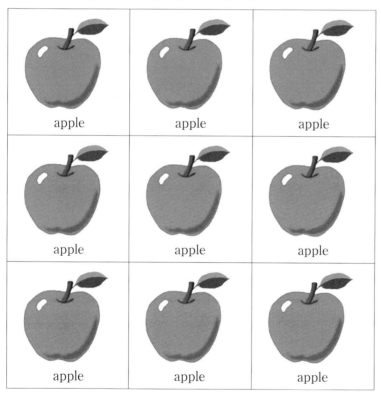

　ここでは使っていませんが、フォントは、文部科学省から出された「We Can! フォント」を使用するとよいでしょう。

かるたカードを使って、他の活動をすることもできます。

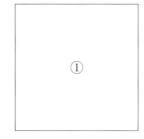

← 裏面には数字を振ります。

　このようにして、①のカードのセット（例 apple, lemon, banana, strawberry, kiwi）の裏には、①と番号を書きます。②、③、と同じように振っていき、輪ゴム（切れやすいのでヘアゴムがよい）などでまとめておきます。

　担任をしていた頃は、休み時間にお手伝いの子どもを募って、一緒に書いてもらったこともありました。

　このように管理しておくと、かるた以外のアクティビティで使ったあとにも、簡単に戻すことができます。

　みなで使う教材ですので、次の人が使いやすいように、片付けもしっかりと行うことが大切です。

　活動の最後に、No.1 cards, here. No.2 cards, here. など、子どもたちに集めさせるとスムーズに片付けることができます。

　カード交換ゲームなど、かるた以外の活動を行い、カードがばらばらになった時には、必ず元の形に戻しておきます。

　カードを元に戻すことについては、英語主任が提案をし、夏休みなどの長期休暇で作業時間を30分程度設けてカードをきちんと戻してあるかを確認するとよいでしょう。英語主任だけでなく、学年から1名出してもらう、校内研修でチームをつくって行う。など、システム化していくことで、多くの先生方に意識をしてもらうことができます。

　誰がカードを使ったか、ということがわかるような貸出システムをつくるのも1つの手です。

| 実例 | かるた活動の具体例 |

2人組対戦型かるた

シンプルなかるたです。教師の英語を聞いて、札を取ります。

ポイントは、必ず英語を言わせることです。最初は、低学年では5枚程度、高学年でも7枚程度がよいでしょう。多すぎてしまうと、取れる枚数の差が大きく、やる気を失う子も出てきます。

①ペアになる。
②机を向き合わせる。
③お互いが取りやすいようにカードを並べる。
④教師が言った札を取る。
⑤最後の1枚になったら、教師がわざと違う札を言うなど
　して、最後まで集中して聞かせる。
⑥多いほうが勝ち。
⑦相手を変えて再度行う。

協力かるた

1、2年生の低学年や、勝敗にこだわりすぎてしまう子どもがいるクラスでは、対戦型ではなく、協力かるたを行うとよいです。

①ペアになる。
②机は横並びのままつける。
③お互いが取りやすいようにカードを並べる。
④教師が言った札を、2人で協力して取る。
⑤札を取ったら教師に見せて、発音する。
⑥2人で協力しているペア、声をきちんと出しているペア、
　速く挙げられたペアをほめる。
⑦T2がいれば、T2が黒板に貼ったカードを取る。T2と速さを競ってもよい。

協力かるた　裏返しバージョン

　やり方は協力かるたと同じですが、カードを裏返しにして行います。

　カードを裏返してから、少し暗記タイムをあげるとよいです。速く取ることが苦手でも、暗記することが得意な子どももいます。そういった子が活躍することができます。カードを裏返して行います。

3人かるた

　対戦型かるたを、3人組で行います。
①3人組になる。
②机を向かい合わせる。
　2つつけて、1人は間に座るのでもよい。
③札を並べる。
④1回戦目は3人で対戦。
⑤2回戦目は、1回戦の勝者が札を読む。
⑥3回戦目以降も同じ。

ヒントかるた（3人組）　対象3年生～6年生

　国旗や果物などの語彙の時によいです。
①3人組になる。
②国旗のかるたを並べる。
③教師がヒントを出す。Red, white, a circle.
④児童が Japan!　と言いながら、札を取る。
⑤答えを見せる。
⑥勝った児童が、ヒントを出す。残りの2人が対戦する。

ダイアローグかるた

シンプルな２人組かるたと同じですが、ダイアローグに慣れ親しませる時にもできます。

使用ダイアローグ例　What color do you like?

①ペアになる。

②机を向かい合わせる。

③児童が教師に What color do you like? と聞く。

④教師が I like pink. と言ったら、児童は pink の札を取る。

⑤この時、児童には取りながら、

I like pink. I don't like pink. と自分のことを言わせてもよい。

ダイアローグかるた3人組バージョン

同様に、ダイアローグかるたも３人で行うことができます。ペアか、３人組か、という少しの変化でも楽しさが持続します。

使用ダイアローグ例　What color do you like?

①３人組になる。

②机を向かい合わせる。

③児童が教師に What color do you like? と聞く。

④教師が I like pink. と言ったら、児童は pink の札を取る。

⑤この時、児童には取りながら、

I like pink. I don't like pink. と自分のことを言わせてもよい。

⑥２回戦目は、１回戦目で勝った児童が札を言う。

例　児童 A が勝ったとする。

児童 B、C：What color do you like?

児童 A：I like blue.

児童 B、C：What color do you like?

児童 A：I like white.

| 実例 | かるたカード以外の活動 |

へびじゃんけん　（単語に慣れ親しませたい時）

どんじゃんけんのように、カードを指さしながら言っていく活動です。盛り上がりますが、「もっとやりたい。」というところでやめておくのがポイントです。公開授業などで、人がたくさん来ていて子どもが緊張してしまいそうな時、授業開始前に行うと、子どもの緊張が適度にほぐれます。

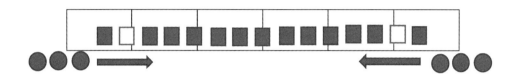

①机を横並びにする。
②カードを並べる（15～20枚くらい）。
③6人グループをつくり、2つに分ける。
　（3人対3人くらいがちょうどよい）
④端からスタート。単語を言いながら、進んでいく。
⑤相手とぶつかったらじゃんけん。
　Rock, scissors, paper, 1,2,3!
⑥勝った人はそのまま進める。負けたチームの次のメンバーがスタートする。
　負けた人は、自分の陣地に戻る。
⑦相手が自分の陣地の端から2枚目（図の白抜きの□）にきた時、そこでジャンケンに負けたら負け。2回戦目を始める。

ポイント
　18人学級ならば3つ列が、24人学級ならば4つ列ができます。人数に応じて、チームの人数を変えるとよいです。

I　英語がしゃべれる人になりたい

これなあに？チラ見せゲーム （ダイアローグを言わせたい時）

　動物カード、果物カードなどを1枚ずつ手にもち、少しだけ相手に見せて、What's this? と聞いていく活動です。

使用カード（果物、野菜、動物など）
使用ダイアローグ　What's this? It's a ~.

①やり方を見せる。

　　T：（かるたカードの一部だけ見せて）A さん、what's this?

　　A：It's a melon.

　　T：That's right! A さん、1 point!

　　A：先生、What's this?

　　T：It's a banana.

　　A：No, sorry. It's a lemon!

　　カードを交換する。

　　T：（カードを渡しながら）Here you are.

　　A：Thank you. Here you are.

　　T：Thank you.

②1人1枚ずつカードを配る。

③T：Stand up, ready, go!

④一緒に活動をしたり観察したりして、上手に言えている子を見つける。

　　途中で、相手を見て言っている子、工夫して隠している子、はきはきと話している子などをほめる。

ポイント

・点数を数えることが難しい場合は、点数制にしなくてもよいです。

・That's right! No, sorry.　などと言わせると、「相手意識」のあるやり取りになります。

・慣れるまでは、カードを隠さず相手に見せて、What's this? と聞いていくのでもよいでしょう。

・挙手をさせ、発表する子を募り、T2と対決させると、子どもも T2も活躍できます。

| どっちかな？２択クイズ |（ダイアローグを言わせたい時）

　動物カード、果物カード、色カードなどを使い、ペアで行います。

　２枚のカードを見せて、１枚伏せて、１枚だけ手にもちます。手にもったカードが何かをあてる活動です。

使用カード（果物、野菜、動物など）

使用ダイアローグ　What's this? It's a ~.

（色カードにして What color? 数字カードにして What number? など、様々な単語でできる）

①やり方を見せる。

　　T：（かるたカードの山から２枚引く）Lemon, banana.

　　A：Lemon, banana.

　　T：Don't look!（１枚机に置いて、１枚手にもつ。相手に見えないようにする）

　　T：OK. A さん、What's this?

　　A：It's a banana.

　　T：That's right. Here you are.

　　A：Thank you.

　　当たったらカードがもらえる。外れたら、場に戻す。

　　交代をする。

②ペアをつくる（つくれないところは３人組でもよい）。

③かるたカードを１セットずつ配る。

④活動開始。様子を見て回り、必要に応じて支援する。

　　きちんと言っているかどうかを確認する。

⑤Any challenger? (volunteer?) と声をかけ、T2と勝負させたり、クラス全体と勝負させたりする。

ポイント

　挑戦した子をどんどんほめる。挑戦できたことをほめる。子どもを活動させている間子どもの様子を見ていると、他の授業ではなかなか活躍できない子どもが頑張っていることがある。そういった子をほめるのがポイントである。

Ⅰ　英語がしゃべれる人になりたい　　31

カード集め （ダイアローグを言わせたい時）

What ~ do you want?　I want ~. (~, please.) というダイアローグを学習したあとの活動。

使用カード　形、色、動物、果物など

使用ダイアローグ　What ~ do you want? I want ~.

状況設定　パフェづくり

①やり方を見せる。

　　Ｔはカードをもたない。児童Ａはカードを５枚もつ。

　　Ｔ：I want to make a nice parfait.

　　児童Ａ：What fruit do you want?

　　Ｔ：I want a banana.

　　Ａ：Here you are.

　　Ｔ：Thank you.

　　相手がほしいカードをもっていない場合のやり方も示す。

　　Ａ：What fruit do you want?

　　Ｔ：I want a strawberry.

　　Ａ：Sorry, no strawberries.

　　Ｔ：OK. Bye!

②クラスを２つのチームに分ける。

　　Ａチームはカードを集める。Ｂチームはカードを５枚ずつもつ。Ａチームは好きなように
　　カードを集める。Ｂチームはカードを全て渡したら座る。

③活動開始。活動中は子どもの様子を見て、はきはきと言えている子、相手を見て言っている
　　子、工夫をしてカードを集めている子などをほめる。

④Ｂチームの子どものうち、５、６人がカードを全て渡して座ったら、活動を一旦終了。カー
　　ドを全てあげた子、相手の顔を見て話していた子などをほめる。

⑤役割交代をする。

子どもが話せるようになる！ 秘密の指導法
―三構成法

　「三構成法」というのは、TOSS英会話指導の基礎を築いた向山浩子氏が提唱された指導法です。向山浩子氏は「状況設定つき聞き話す同時指導」も提唱され、その実践に取り組んで、一定の成果を生み出しているのが、TOSS（The Teachers' Organization of Skill Sharing）です。向山浩子氏の著書『「小学校英語」子どもが英語を好きになる指導の究明』（東京教育技術研究所、2010年）をご参照ください。三構成法については、それ以前の著書で触れられていますが、絶版となっています。

　三構成法とは、

> 1　単語練習
> 2　状況設定・ダイアローグ練習
> 3　アクティビティ・ゲーム

　この３つを行うことです。

（1）単語練習

　フラッシュカードを使って、飽きずに楽しく工夫しながら行います。単なる繰り返し練習ではなく、イラストと英語の音声を一致させた上で行うこと、練習させられている、という意識をもたせず、自然と口にしてしまう、という状況をつくることが大切です。

　絵を見ながら２回リピート→１回リピート→０回（絵を見て子どもだけで言う）というのが基本です。ただ機械的に「apple, apple, appleと３回言ったら座りなさい。」というようなものではありません。

（2）状況設定・ダイアローグ練習

　どのような状況・場面でその会話がなされているか、を示します。具体物を使ったり、イラストを使ったりします。ただ会話を聞かせるだけではなく、「状況を明らかにすること」がポイントです。How's the weather? ならば、カーテンと窓を用意する、とか、遠足に行く子どもがお母さんに天気を聞いている場面を設定する、などします。

　状況を明らかにすること、場面を設定することの重要さはここ数年言われていますが、子どもたちが意味をつかむ上で、大変重要な過程となります。

　TOSS英会話を追求し、実践を重ねてきた加藤心氏は次のように述べています。

> ３．TOSS英会話にとって、「状況設定」が命
> 　TOSS英会話において、最も大切なことは何かと問われれば、わたしは「状況設定」と答えます。

状況設定なくしては、単語のリピートも、問答練習も、文字通り意味がありません。

　意味を理解せずに発話の訓練を繰り返しても、発音の正しさ以外、何も脳に入っていかないでしょう。（略）

　状況、場面を与えて、その中で対話練習をさせることによって、子どもは「ことばと場面をまるごとインプット」するのです。

　『教室に魔法をかける！英語ディベートの指導法』加藤心、2015、学芸みらい社 pp.38-39

　2017年度に示された新学習指導要領にも、「場面を設定して」とあります。状況設定は、これとほとんど同じです。オウム返しのように練習するのではなく、意味をつかんだ上で行います。逐一訳しません。

　逐一訳さないことについて、元イェール大学助教授・斉藤淳氏は、『ほんとうに頭がよくなる世界最高の子ども英語』（ダイヤモンド社）で、次のように書いています。

　英語を使いこなせる人は、頭の活動を英語脳に"切り替えて"います。「英語の頭」のまま英語を聞き、「英語の頭」のまま考えて、「英語の頭」のまま発話をしています。日本語脳の引き出しを開けて、いちいち翻訳をしたりはしません。

　英語脳だけですべてが完結しており、「翻訳」のプロセスがないので、<u>母語と同程度のすばやいレスポンスが可能なのです。</u>（pp.123-124）

　「ただし厳密には、実際の外国語の習得過程では、母語からの影響が皆無というわけではなく、両者の使い分けは徐々に進んでいきます。」（p.124）とその後付け加えています。

　母語を介して訳すことはしない、というところで、主張が一致しています。

（３）アクティビティ・ゲーム

　「状況を明らかにしたアクティビティが重要である。ゲームは勝敗がつくもの」と向山浩子氏は定義しています。

　2017年７月に、文部科学省から「小学校外国語・外国語活動研修ガイドブック」が出されました。「３　小学校外国語教育の内容」（p.19）に次のようにあります。

（１）知識及び技能

　「知識及び技能」は、実際に英語を用いた言語活動を通して、体験的に身に付けることができるようにすることが大切である。言語活動と切り離して、単語をリスト化して覚え込ませたり、文の一部を言い換えさせたりする「パターン・プラクティス」のような機械的な練習は求められていない。

　意味のある言語活動を通して、児童に繰り返し体験的に理解させることが重要であり、「知識及び技能」は体験の結果として身に付くものであることに留意したい。（略）また、主体性を引き出すには、児童が伝えたい相手、伝えたい内容を工夫し、伝え合う必然性の

ある場面を設定して活動を行わせることが大切となる。

「意味のある言語活動を通して、児童に繰り返し体験的に理解させること」「伝え合う必然性のある場面を設定して活動を行わせること」

これこそ、三構成法にある「ゲーム」や「アクティビティ」が狙っているものです。

さらに、「聞く」活動を十分に行った上で、まねをして言い慣れる「口慣らし」の段階から、「慣れ親しませ」「活用させる」段階へと、無理なく活動のねらいや内容を高めていくようにする。（同ガイドブック p.48）

とあります。「聞く活動」の留意点として、場面設定が挙げられています。

文部科学省研修ガイドブック	TOSS英会話
場面を明確にして聞く活動	状況設定（明確な状況下でのダイアローグを聞く）
まねをして言い慣れる口慣らし	単語練習（まねをして練習） ダイアローグの口頭練習
「慣れ親しませる」 「活用させる」	アクティビティやゲームで繰り返し使う。必然性のある場面を設定し、使う。

こうして見ると、今の文部科学省の主張と、大分近いことがわかります。

私は、2008年から小学校で外国語活動の授業を行ってきました。基本的に、毎授業に必ず「状況設定つき聞き話す同時指導」及び「三構成法」を取り入れてきました。

三構成法が優れているところは以下の点です。

その1　単語を日本語に逐一訳さず、イラストやものを示し、理解させるため、余分な説明がなく、活動量が確保され、子どもが集中して取り組める。

その2　短時間学習にも、45分の学習にも対応できる。
　　　　（三構成法は15分間でも実施可能である）

その3　意味をつかんだ上で口頭練習するため、気持ちを込めて言うことができる。

その4　必然性のある場面を伴うアクティビティ・ゲームで実際に使ってみることで、楽しみながら、意識せずに何度も口にしている。

その5　流れが決まっているため、児童が先を見通しやすい。

その6　流れが決まっているため、初めて小学校で英語を教える教師にとっても、わかりやすい。

その7　基本的な流れを繰り返し行ううちに、先生方から工夫が生まれ、先生方の個性が現れ

I　英語がしゃべれる人になりたい　35

る授業となる。

　三構成法を使って実際に授業をしていただいた小学校の先生方の声を紹介します。

　「単語練習を授業の最初にやることで、子どもたちを一気に巻き込み、授業モードにさせることができました。」

　「単語とイラストが一致しており、簡単な言葉を繰り返す、というわかりやすい活動であるため、発達障がいの子どもたちも、やるべきことが明確で、集中しやすいです。」

　「単語練習のやり方を工夫すると、短時間で繰り返し練習できます。カードのめくり方を工夫することで、飽きずに取り組んでいます。男女、列対抗、列指名など多様な方法があり、繰り返し楽しく練習できました。」

　「状況設定は、しっかりと行えば、日本語を使わなくても、児童が本時に何をすればよいのかがわかります。日本語で伝えると、伝わりにくい時もあるので、めあてを日本語で言うより効果的だと思います。」

　「I want ~. の授業の時、ほしいものを伝え合う、というめあてを示さなくても、振り返りの時には、自分のほしいものが言えた、と多くの子が書いていました。」

　「アクティビティでは、学んだことを使い会話がたくさんできるし、話せたという感覚がもてるようです。ゲーム性をもたせると、また違う楽しさもあります。」

　「今は Talk with 3 people. というアクティビティを中心に行っています。ゲームだと子どもが勝つことに夢中になってしまうことがありますが、会話中心のアクティビティならそれはありません。話せないと楽しめないので、今ではダイアローグ練習を熱心にやる子が増えてきています。」

　「型があるおかげで、授業をするのも考えるのも楽です。子どもたちも授業の流れがわかっているので、安心して楽しく取り組んでいます。」

ティームティーチングをうまく進めるコツ
―感謝の気持ちを伝えよう

　ティームティーチングは、その名の通り「teamで教える」ということです。チームですから、お互いの信頼関係が重要となります。ALTと授業をするにしても、英語が堪能な地域人材などの日本人と授業をするにしても、互いに意見を交わし合い、尊重し合い、協力しながら準備、授業をしていくことが大切になります。

　そのためには信頼関係が大切になります。

①普段から、日常的な会話をするようにする

　仕事の話や、改善点だけを話すのでは、関係がぎくしゃくしてしまいます。簡単なことでもいいです。Do you like sushi? などでもいいので、会話をすることが大切です。写真を見せながら、旅行に行った話をするのもよいでしょう。

　一緒に働いているALTから「日本人ともう少し日常会話をしたい。」と言われたことがあり、はっとしました。ちょっとしたことでもいいので、話をしてみるとよりよい関係が築けます。プライバシーの侵害には気をつけなくてはなりません。相手のプライベートを根掘り葉掘りするようなことは避けたいものです。

会話例

例) 週末どうだった？　　How was your weekend?
　　それいいね！　　　　Sounds nice!
　　これ食べる？　　　　Would you like to try this?

②授業の振り返りをする

　授業をしたあとに、授業の振り返りをするとよいです。その際、必ず最初によかったところをほめるようにします。

　This activity was very good.「この活動よかったよ。」
　This game was fun.「このゲーム楽しかったですよ。」

　カードの準備をありがとう。と言いたい時、難しかったら、Thank you for the cards. でも十分に通じます。

　このようなことで構わないので、必ず感謝の気持ちを伝えるようにします。その上で、改善点を話すとよいでしょう。2017年7月に文部科学省から出された『小学校外国語・外国語活動研修ガイドブック』(p.126) にあるような提案をするとよいでしょう。時間がない場合は、廊下を一緒に歩きながら、感想を述べるのでもよいでしょう。

③授業前に、活動を実際にやってみる

　授業前に、「どのような活動をやるのか。」ということを共通理解しておくことが大切です。そのためには、実際に活動をやってみるとよいです。共通理解できていないと、子どもたちから質問が出た時に、2人の対応が違ってしまいます。

Ⅰ　英語がしゃべれる人になりたい　　37

実際にやってみることで、うまくいかない部分も出てきます。よりよい活動にするために、実際にやってみることで、言葉の壁も低くなります。一緒にやってみて、改善点を出し合うようにしましょう。

④担任としての意見をもつ

ALT が考えてくれたゲームやアクティビティについて、しっかりと向き合い、自分なりの考えをもつことが大切です。なんとなくお任せしてしまって、授業中に、「今日の授業はうまくいかなかったな。」と思ったとしたら、それは任せたほうにも責任があるのです。

> 授業をしているのは 2 人です。

うまくいかなかったことを、きちんと伝えます。代案があれば、それも伝えます。次はどうしたらよいかを考えることが大切です。

⑤意見をきちんと伝える

英語だとうまく伝えられない、ということから、意見を伝えることをためらう気持ちはわかります。ですが、なんとか伝えようとすることで「賛成なのか」「反対なのか」「喜んでいるのか」「困っているのか」ということは伝わるでしょう。

難しければ、ALT を派遣しているところに相談をしたり、日本語が話せる ALT や英語が堪能な同僚に頼んだりするなど、何らかの方法で伝える努力をすることが大切です。

小学校外国語・外国語活動ガイドブックティームティーチングの役割と効果（授業実践編 p.113）の英訳です。これを見せてもよいでしょう。

担任の英語力アップのヒント
― ALT に進んで話しかけよう

　より自信をもって英語を話したり授業をしたりするためには、毎日少しずつ英語を勉強していくとよいでしょう。

①授業中、クラスルーム・イングリッシュを使う
　英語の授業をしているだけでも、英語力アップにつながります。外国語や外国語活動の授業を何年か教えた結果、小学校の担任の先生の英語力もアップしていきました。使用するクラスルーム・イングリッシュが徐々に増えていき、ほとんど英語で授業ができるようになってきました。

②ALT に協力してもらう
　英語をより一層スキルアップするためには、ALT と会話をしたり、書いた英文を読んでもらったりするとよいです。
　英会話スクールに通うとなれば、莫大なお金がかかります。ALT がそばにいるのに、活用しない手はありません。進んで話しかけましょう。

③オンラインの英会話を活用する
　なかなか ALT と過ごす時間が短い場合には、オンライン英会話を活用するのもよいでしょう。毎日短時間続けていくと効果的です。最初は間違いを恐れず、どんどん話していくことが大切です。
　お金はかかりますが、身に付いた力はこの先無駄になることはありません。また、英会話教室に通うよりずっと安いです。

④文部科学省ホームページや YouTube を活用する
　文部科学省も、先生方の英語力アップのために、様々な支援をしています。
　小学校ガイドブック p.118 にはクラスルーム・イングリッシュが掲載されています。その他、ALT の打ち合わせに使う会話例があります。
　また、YouTube に文科省公式ページがあり、そこを見ると、発音についても学ぶことができます。
　フォニックスは、新学習指導要領によると、小学校で教えることにはなっていません。しかし、教師が学ぶと、発音の仕組みがわかります。日本にも様々なフォニックスの指導法があるので、ご自分に合ったもので訓練するとよいかと思います。YouTube の文科省の公式ホームページを始め、様々な動画を見ることができます。

> 研修に使える動画のホームページ
>
> ○ You Tube 文科省公式ホームページ　クラスルーム・イングリッシュ
> https://www.youtube.com/watch?v=m0d416infwI
>
> ○ You Tube 文科省公式ホームページ　ALT の考えを聞く
> https://www.youtube.com/watch?v=rH_HPDhRFZU&list=PLGpGsGZ3lmbDMo7Kkuf
> PloHCV-HrsHPYa
>
> ○ You Tube 文科省公式ホームページ　ALT との打ち合わせ
> https://www.youtube.com/watch?v=nTGgJSeXcYQ
>
> ○松香フォニックス公式ホームページ　The Alphabet A to Z
> https://www.youtube.com/watch?v=Jv4nslb_8KM

⑤フォニックス教材を活用する

　mpi社（松香フォニックス）からはフォニックス教材がたくさん出ています。子ども向けですが、先生方にもよいと思います。中学校や高校でフォニックスを教わった経験のある先生方は少ないように思います。フォニックスを知ったことで、安心して発話できるようになった、という声も聞きました。

⑥校内研修で、ミニ英会話講座を行う

　学校全体の英語力アップのためにも、ALT とともに校内研修で取り組むのもよいです。ワンポイントイングリッシュとして、1回1文程度に留めます。短い時間で終わらせると、継続しやすいでしょう。

Ⅱ 移行期スタートダッシュ！大作戦のヒント

1 新指導要領改訂の重要ポイントはここ
－時数増内容の高度化等

1 大きく変わること

まずは、「授業時数」の増加です。

2011年から小学校では、5、6年生で、年間35時間の「外国語活動」が行われてきました。2020年度からは、5、6年生では「外国語」となり、時数も倍になります。さらに、3、4年生から必修化になり、35時間の「外国語活動」が行われるようになります。

〈2011年度から2020年度の小学校における外国語教育〉

	従来 （2011年度〜2017年度）	移行期 （2018年度〜2019年度）	新学習指導要領 （2020年度〜）
3、4年	なし	外国語活動 20〜35時間	外国語活動 35時間
5、6年	外国語活動35時間	外国語活動？ 50〜70時間	外国語 70時間

時数の他に着目すべきことは、以下の5つです。

①目標の変化…5、6年生は「慣れ親しみ」から「できる」へ。
②「話すこと」が2技能へ…「話すこと」は「やり取り」と「発表」両方行う。
③内容の高度化…高学年で「三人称」「過去形」「動名詞」。
④「読むこと」「書くこと」の指導開始…高学年でアルファベットの読み書きができる。かつ、十分に聞いたり話したりして慣れ親しんだ単語や表現を、読んだり、なぞり書きしたり、写し書きしたりする。
⑤教科として「評価」する（5、6年）。
　他の教科と同じように数値による評価へ？

2 目標・内容から読み解く今後求められる力

●現行の学習指導要領と、新学習指導要領の目標を比較します。
（傍線、太字は著者）

現行学習指導要領 （2011年度〜2019年度）	新学習指導要領 （2020年度〜）
外国語活動（5、6年） 　外国語を通じて、言語や文化について体験的に理解を深め、積極的にコミュニケーションを図ろうとする態度の育成を図り、外国語の音声や基本的な表現に慣れ親しませながら、コミュニケーション能力の素地を養う。	外国語活動（3、4年） 　外国語によるコミュニケーションにおける見方・考え方を働かせ、外国語による聞くこと、話すことの言語活動を通して、コミュニケーションを図る素地となる資質・能力を次のとおり育成することを目指す。 ⑴　外国語を通して、言語や文化について体験的に理解を深め、日本語と外国語との音声の違い等に気付くとともに、外国語の音声や基本的な表現に慣れ親しむようにする。 ⑵　身近で簡単な事柄について、外国語で聞いたり話したりして自分の考えや気持ちなどを伝え合う力の素地を養う。 ⑶　外国語を通して、言語やその背景にある文化に対する理解を深め、相手に配慮しながら、主体的に外国語を用いてコミュニケーションを図ろうとする態度を養う。

　目標が大幅に増え、なおかつ3、4年生に下りてきたことがわかります。
　「聞くこと、話すことの言語活動を通して」とあることから、「聞く」「話す」が中心となることがわかります。⑴〜⑶には3つのことが書かれています。

> ・体験的に理解を深め、日本語と外国語との音声の違いに気付く。
> ・外国語で聞いたり話したりして自分の考えや気持ちなどを伝え合う。
> ・外国語の音声や基本的な表現に慣れ親しむ。

　「聞く」「話す」活動を中心として、伝え合ったり、慣れ親しんだりしていくのが中学年となります。

●次に、新学習指導要領の外国語活動と外国語の目標を引用し、比べます。

（傍線、太字は著者）

外国語活動（3、4年）	外国語（5、6年）
外国語によるコミュニケーションにおける見方・考え方を働かせ、外国語による聞くこと、話すことの言語活動を通して、コミュニケーションを図る**素地**となる資質・能力を次のとおり育成することを目指す。	外国語によるコミュニケーションにおける見方・考え方を働かせ、外国語による聞くこと、**読むこと、**話すこと、**書くこと**の言語活動を通して、コミュニケーションを図る**基礎**となる資質・能力を次のとおり育成することを目指す。
(1) 外国語を通して、言語や文化について体験的に理解を深め、日本語と外国語との音声の違い等に**気付く**とともに、**外国語の音声や基本的な表現に慣れ親しむ**ようにする。	(1) 外国語の**音声や文字、語彙、表現、文構造、言語の働きなどについて、日本語と外国語との違いに気付き**、これらの知識を**理解する**とともに、**読むこと、書くことに慣れ親しみ**、聞くこと、読むこと、話すこと、書くことによる**実際のコミュニケーションにおいて活用できる基礎的な技能を身に付ける**ようにする。
(2) 身近で簡単な事柄について、外国語で聞いたり話したりして自分の考えや気持ちなどを**伝え合う力の素地を養う。**	(2) コミュニケーションを行う**目的や場面、状況などに応じて**、身近で簡単な事柄について、**聞いたり話したりするとともに、音声で十分に慣れ親しんだ外国語の語彙や基本的な表現を推測しながら読んだり、語順を意識しながら書いたり**して、自分の考えや気持ちなどを**伝え合うことができる基礎的な力を養う。**
(3) 外国語を通して、言語やその背景にある文化に対する理解を深め、**相手に配慮しながら**、主体的に外国語を用いてコミュニケーションを図ろうとする態度を養う。	(3) 外国語の背景にある文化に対する理解を深め、**他者に配慮しながら**、主体的に外国語を用いてコミュニケーションを図ろうとする態度を養う。

●小学校外国語活動・外国語研修ガイドブックにより詳しく書かれていますので、そちらを参考に重要なポイントをまとめます。

3、4年（外国語活動）	5、6年（外国語）
「聞くこと」「話すこと」中心 音声面を中心としたコミュニケーションの体験活動	「聞くこと」「話すこと」「読むこと」「書くこと」の4技能を扱う。 「聞くこと」「話すこと」をできるようにする。 「読むこと」「書くこと」は「慣れ親しみ」。
外国語を用いたコミュニケーションを図る**素地**となる資質・能力	外国語を用いたコミュニケーションを図る**基礎**となる資質・能力
話すこと（やり取り） 動作を交えながら自分の考えや気持ちを伝え合う。 質問をしたり質問に答えたりする。	**話すこと（やり取り）** これまでの学習での経験や蓄積を活かして、その場で質問したり質問に答えたりして、伝え合うことができるようにする。 **→即興性が求められる。**
相手に配慮しながら、主体的に外国語を用いてコミュニケーションを図ろうとする態度を養う。 ⇒教室内の親しい相手（先生、友達）	他者に配慮しながら、主体的に外国語を用いてコミュニケーションを図ろうとする態度を養う。 ⇒外国からの留学生、地域に住む外国人も含む。

スムーズな接続

　中学年では「話すこと」「聞くこと」中心。高学年からは、「読むこと」「書くこと」が入りますが、「読むこと」「書くこと」に関しては、「慣れ親しみ」となっています。

　4技能の1つである「話すこと」が、「やり取り」と「発表」とに分かれました。中学年では、おそらく決まった表現を使って、例えば What's this? と聞かれたら It's a ～. と答える、ということができればよいところ、高学年では、これまで学習した表現のどれを聞かれても答えられる、あるいはそれらを駆使して伝え合う、ということが求められます。また高学年の「他者に配慮しながら」という言葉にあるように、地域の外国人を巻き込んだ活動も行うことが考えられます。

③ 「話すこと」が2技能に〜「やり取り」と「発表」

「話すこと」が2技能に分かれました。中学年、高学年で比べます。
（ガイドブック pp.17-18）

	中学年	高学年
話すこと ［やり取り］	挨拶、感謝、簡単な指示をしたり、それらに応じたり、自分のことや身の回りの物について、動作を交えながら、自分の考えや気持ちなどを伝え合ったり、サポートを受けて、自分や相手のこと及び身の回りの物に関する事柄について、質問をしたり質問に答えたりすることが目標である。初めて外国語に触れることもあり、使う表現は慣用的なものが多いが、機械的なやり取りに終わることがないようにしたい。また、外国語を話すことに抵抗感をもつ児童もいる。指導者がサポートをし、児童同士がサポートをし合える環境づくりも大切である。	外国語活動と大きく異なるのは、「その場で質問をしたり質問に答えたりして、伝え合うことができるようにする」という点である。「その場で」というのは、相手とのやり取りの際、それまでの学習や経験で蓄積した英語での話す力・聞く力を駆使して、自分の力で質問したり、答えたりすることができるようになることを指している。
話すこと ［発表］	人前で実物などを見せながら、自分の考えや気持ちなどを話すようにすることがポイントとなる。「人前」というのは児童にとっても抵抗感があると思うが、事前の準備も可能なので、実物を活用したりして、様々なコミュニケーションのツールがあることを体験させたい。	「伝えようとする内容を整理した上で、自分の考えや気持ちなどを表現できるようにする」という項目が大切である。ただ話せばよいということではなく、どのように話す内容を整理し、自分の考えや気持ちを表現できるかを考えさせたい。中学校でのスピーチの基礎をつくる活動である。

Ⅱ　移行期スタートダッシュ！大作戦のヒント　　45

中学年での「やり取り」では、

①挨拶をする。または挨拶に応じる。

②感謝の気持ちを伝えたり応じたりする。

③簡単な指示をしたり、それらに応じたりする。

④自分のことや身の回りの物について、動作を交えながら伝える。

⑤自分の考えや気持ちなどを伝え合う。

⑥サポートを受けて、自分や身の回りのことへの質問に答えたり相手の身の回りのことに
　ついて質問をしたりする。

このようなことをしていくと考えればよいでしょう。
また、中学年の「発表」では、

人前で実物などを見せながら、自分の考えや気持ちなどを話すようにする

ことが目標となります。準備をしてもよい、とありますが、教師が用意した英文にカタカナで
ルビを振って暗記させるのでは、ただの暗唱大会となってしまいます。意味もわからず、気持
ちも込めることもできず、ただのカタカナの暗唱では、せっかくの「発表」の時間も無駄に
なってしまいかねません。
　TOSS型英会話指導法を中学校で実践している加藤心氏は、
　「ダイアローグで指導する。その質問文を取り除き、答えの部分をつなげることでスピーチ
となる」（要約：小林）
と言っています。
　このような指導の方法を行うと、文章を書かせる必要もなく、3、4年生でしたら2〜3文
は何も見ないで言うことができます。長くなる場合には、イラストのヒントを用意することも
できますが、少し練習すれば、発表も難しくはありません。
　何より、普段の授業で、手を挙げさせて発表させる機会を設けること、そして、そこで「勇
気を出して手を挙げたこと」をほめること、これの積み重ねにより発表もうまくいくようにな
ります。

中学年でのやり取りのイメージ

A：<u>Hello.</u> What's your name?

B：I'm Satoshi. What's your name?

A：<u>I'm Emi.</u>

B：Emi, what sport do you like?

A：<u>I like tennis.</u> What sport do you like?

B：I like tennis.

中学年での発表のイメージ

　上のやり取りの、答えの部分だけを言います。

A：Hello. I'm Emi. I like tennis.

「実物を見せながら」とあるのでテニスをしている様子の写真や、テニスラケットなどを見せながら行うとよいでしょう。

　4年生になったら、もっとやり取りを長くすることもできるでしょう。

　それに伴い、発表を長くすることもできます。

　大切なのは、「どの文をどの順番で言うか」ではありません。

「人前で実物などを見せながら、自分の考えや気持ちなどを話す」

ことを狙いとしているので、メモを見ながら、英文にカタカナを振って、正確に、言うことを落とさず発表することよりも、友達を見ながら、自分が伝えたいことについて、自信をもって言えるかどうかが大切になってきます。

　子どもの気持ちを理解するためにも、大人も、週に1度程度、研修の時間に英語で自己紹介を皆の前でする、という試みもよいでしょう。

高学年のやり取りは、中学年での、

①挨拶をする。または挨拶に応じる。

②感謝の気持ちを伝えたり応じたりする。

③簡単な指示をしたり、それらに応じたりする。

④自分のことや身の回りの物について、動作を交えながら伝える。

⑤自分の考えや気持ちなどを伝え合う。

⑥サポートを受けて、自分や身の回りのことへの質問に答えたり相手の身の回りのことについて質問をしたりする。

ことができることを前提に、相手とのやり取りの際、それまでの学習や経験で蓄積した英語の話す力・聞く力を駆使して、自分の力で質問したり、答えたりすることができるようにしなければなりません。

実際にこのような子どもたちを目の当たりにしたことがあります。愛知県の井戸砂織氏の学級です。

参観後に書いたレポートから抜粋します。

私たち参観者が「質問をどうぞ。」というと、次々質問が来た。英語で質問だ。

Do you like sports?

What sports do you like?

Where are you from?

Where do you want to go? Why?

Can you play baseball?

What kind of music do you like?

次々と質問が繰り出される。井戸先生が戻られてからもそれは続いた。

こういう時の質問は like を使ったものが多いが、井戸学級からは様々な種類の質問が出てきた。なぜこのように育ったのかは、4時間目の英語の授業を見て明らかとなる。

井戸先生がまだ教室に戻られない時、一人の男の子が What do you have famous thing in Gunma? と、私たちに聞いてきた。文法は違う。でも何が言いたいかは十分にわかる。

これが「外国語でコミュニケーションを取る」ということだ。

外国語で自分の言いたいことを伝えたい時、知らない表現というのは、必ずある。そういった時に、話すことを諦めるのではなくて、「知っている表現で伝えようとする」ということが、外国語を習得したい時の基本中の基本で、絶対に通らなければならない道だ。文法や発音の正確さのみ追求し、間違えているとバツを付けて来た結果、正確さも、流暢さも身についてこなかったこれまでの英語教育。井戸学級の子どもたちは、多くの日本人が克服できていないことを、いとも簡単に、してのけている。度肝を抜かれた出会いだった。（2017年11月）

井戸氏が講師を務めるセミナーに参加されると、どのような授業かが詳しくわかるかと思います。

　井戸氏が新カリキュラム実施に向けて重要視していたことの１つは、

　「復習」

です。復習をいかに授業に取り入れるかです。

　また、「楽しい繰り返し」も印象的でした。井戸氏はたくさん子どもに言わせます。子どもたちは実に楽しそうに英語を何度も口にするのです。

　「繰り返し練習は飽きてしまうから、ダメだ。」と言っていては、こういった事実は生まれないと確信しました。繰り返し練習が悪いのではなく、練習のさせ方にもっと工夫の余地があるのではないか、と思いました。楽しければ、子どもは「繰り返し言わされている」とは思わないからです。楽しく、繰り返し練習をするたびに、子どもたちは言えるようになっていきました。

　やり取りができると、発表もできるようになります。

　高学年の発表については、

　ただ話せばよいということではなく、どのように話す内容を整理し、自分の考えや気持ちを表現できるかを考えさせたい。

とあります。

　「やり取り」と「発表」は別物ではありません。

　英語を日本語に翻訳することなく「やり取り」をすることをきちんと行い、言えるようになったことを順序立てて言えるのが「発表」であると捉えています。

　自信をもって発表できるようにするには、それまでの「やり取り」の活動をしっかりと行うことが大切です。また、友達を見て話したり、相手に聞こえるような適切な声の大きさで話せたり、相手がわかっていないようだったら、もう一度伝えたりする、など、「相手意識」「他者意識」をもたせることも、普段の授業から積み重ねていく必要があります。

4 内容の高度化

5、6年生については、指導内容が高度になってきます。

以下は、Hi, friends！1, 2には出てこなかった表現の一覧です。

5年生（Hi, friends！1 になかったもの）	6年生（Hi, friends！1, 2になかったもの）
How do you spell? K-o-s-e-i.	I'm from~.
Do you have P. E. on Monday?	I am good at running.
What do you have on Monday?	My nickname is Ken.
What time do you get up?（HF2）	What's your favorite color?
I usually get up at 7:00.	Welcome to Japan.
Can you sing well? Yes, I can. No, I can't.（HF2）	In summer, we have fireworks festival.
【I/You/He/She】can【can't】sing well.	What food do you have in Japan? We have soba.
Where do you want to go?（HF2）	It's【delicious/fun】.
I want to go to Italy.（HF2）	You can enjoy rakugo.
Why?	I play the violin. I eat ~.
I want to【see/go to/visit】~.	Who is this?【He/She】is famous.
I want to eat pizza.	We have/don't have a park.
I want to buy (olive oil).	We can see/enjoy ~.
It's exciting.	Sakura is nice.
Where is the treasure?（HF2）	I went to my grandparents' house.
Go straight. Turn right (left).	I enjoyed swimming.
It's on (in/under/by) the desk.	I saw the blue sea.
It's for my brother.	Are you good at basketball?
How much?	What's your best memory?
It's 970 yen.	My best memory is sports day.
Who is your hero?	We enjoyed running.
This is my hero.	Good luck.
【He/She】is good at playing tennis.	What club do you want to join? I want to join ~.
【He/She】is kind.	What event do you want to enjoy? I want to study hard.

50

大きな変化は３つあります。

その1　人称代名詞が増えたこと

人称代名詞とは、I, you など人を表す代名詞です。

これまでは相手のことを聞き、自分のことを答える、という会話がほとんどでした。会話活動で使ったのは、主に I と you のみです。we が出てきたのは、Hi, friends！2 の Lesson7 We are good friends. オリジナルの物語をつくろうの単元のみでした。文科省のプランによると、

I, you, we, he, she を学習することになります。

he と she、いわゆる「三人称」は、５年生から登場します。

「三人称とは、中学でいうと…？」と難しく考える必要はありません。自分や相手のことだけでなく、「友達について紹介できるようになった」と認識すればよいでしょう。４年生で he、she を扱ったことがありましたが、すんなりと受け入れていました。日本語にはない文化ですが、長々と説明することなく、子どもたちが受け入れていたことに、驚きを覚えました。

以下は、2016年度４年生（３年生で外国語活動を35時間実施した児童）に行った実践です。

①様々なキャラクターを見せながら、he, she と言う。
②クラスの子を立たせて、he, she と言っていく。
③he かな she かな？クイズをする。
④He is Kenta.　のように、名前を付ける練習。
⑤グループで右隣の子の名前を言っていく。
⑥ペアで歩き、友達を相手ペアに紹介する。
⑦役割交代。
⑧He is nice. She is sporty. など、相手をほめる言葉を紹介する。

友達にほめてもらって、うれしそうにしていました。これらの活動を、４年生で３時間ほど行いました。５年生ではこれに、can を加え、He can ~. She can ~.と、友達のできることも紹介していました。he, she に加えて we も入りました。桃太郎では、We are brave. We are strong. という使われ方をしていましたが、文部科学省の新教材では、学校生活や地域紹介の時に使われています。

Ⅱ　移行期スタートダッシュ！大作戦のヒント　　51

その2　過去形・動名詞の登場

　「三人称に続き過去形まで？」と驚かれるかもしれません。しかも、不規則動詞が出てきます。受け入れるのが大変なのは、子どもたちよりむしろ大人かもしれません。文法で学習する順番で考えるからです。

　しかし、私たちが日本語の日常会話でよく使うのは、過去形です。「朝ごはんは何を食べますか？」という質問もするかもしれませんが、子どもたちによく聞くのは「今朝、何を食べてきたの？」という質問です。例えば、顔色が悪く、朝から気分が悪そうにしている子などに、「朝ごはん食べたかな？」「何を食べたの？」と聞くこともあるかと思います。「昨夜ちゃんと眠れた？」「何時に寝たの？」

　また、大人同士の会話でも「週末どこか行った？　どうだった？」と、過去形を頻繁に使っています。文法の説明を難しくすることなく、「前のことを話す時に使うんだ」と場面をはっきりとさせて導入すれば、難しくないのではないかと思います。

　2013年度、担任をしていた4年生の子どもたちに、夏休み後に、

　Did you eat うなぎ？　　No, I didn't.

　Did you eat かき氷？　　Yes, I did.

と聞き合う活動をしました。過去形だよ、とは説明しません（元実践井戸氏）。

　夏休み、I ate かき氷、watermelon, and うな重！ Did you eat かき氷？と聞くと、子どもは Yes! Yes! と答えます。そこで、OK! Yes, I did! と教えます。Did you eat かき氷？ Did you eat そうめん？など、次々変えて言わせました。すぐに言えるようになり、did って何？と考えることなく、子どもたちは楽しそうに、聞き合っていました。

　過去形の導入の仕方も、文法で説明することなく、過去の話である、夏休みの話である、など、状況を明確にして会話を聞かせることで、すんなり受け入れられるのではないかと思います。

　「これは過去形といってね…」など、説明を長々とすると、簡単なものも、難しくなってしまう恐れがあります。

　楽しく導入できるかどうか、ということは、

状況設定（場面設定）

にかかってきます。デジタル教材を活用しつつ、生の英語を聞かせての、状況設定の工夫をするとよいでしょう。

　動名詞に関しても「これは動詞にingを付けます」などと説明することなく、I am good at ~ing. の状況設定をしっかりと行うことで、無理なく導入できるでしょう。

その3　副詞・形容詞・前置詞・慣用表現の多様化

　これまで、6年生で What time do you get up? を学習していました。今回は5年生で学習することになり、さらに always, usually, sometimes, never と副詞が加わりました。教える内容は増えたのですが、会話としては成り立ちやすくなりました。

　ある学校の6年生の授業で、

What time do you get up? What time do you eat dinner?

などと、1日の生活の様子についてインタビュー活動をしていた時のことです。家庭環境で、英語を流暢に話す子どもがいました。むしろ、英語が第一言語だったかもしれません。

What time do you eat dinner?

と聞くと、困ったように

It depends on the day.

と答えました。習いものなどをしていて、その日によって夕飯の時刻が違うのだと言うのです。

　その子に限らず、子どもたちは習い事をしていて、何時に寝るか、何時に夕飯を食べるかは、日によって違いました。今回導入されることになった usually を付けることで、答えやすくなるだろうと思いました。

　また、sing well, jump high にある well, high のような副詞も増え、Can you jump? ならば大抵の子は Yes, I can. と答えるのですが、「high」を付けることで、必然性が増しました。

　前置詞も増えました。これまでは、Hi, friends！2 の Lesson5 Let's go to Italy. での Let's listen. で、in が使われていました。時刻を表す at も使われています。曜日の前に on を使うこともあったかもしれません。

　今回は場所を表す前置詞が増えました。

　Where is ~? と、位置を問う質問は、これまで道案内の表現として使われてきました。まっすぐ行く、右に曲がる、という表現に加え、on, in, under, by が登場しました。文科省教材 We can!1にはイラストでわかりやすく紹介されています。

　形容詞が増え、友達や地域のよさを伝える表現が豊かになりました。Good luck! など、相づちも増えました。I am good at ~ing. Let's ~. なども登場しています。これらも、子どもたちのやり取りを豊かにし、楽しい活動をしながら取り入れていけるでしょう。

5 「読むこと」「書くこと」の指導開始

「文字指導はどうなるのか」というご質問をよく受けます。

文字指導、いわゆる「読むこと」「書くこと」に関する不安の大きさがうかがえます。これについても、ガイドブックにわかりやすく書いてあります。

【中学年】

中学年については、「聞くこと」の中に書かれています。

ガイドブック（p.17）から引用します。

3　英語の目標

(1)　外国語活動

　①聞くこと

（略）また、「文字の読み方が発音されるのを聞いた際に、どの文字であるかが分かるようにする」ことも目標になっている。「文字の読み方」とは、文字の"名称の読み方"と、"文字が持っている音"（例えば、Bという文字は /biː/ という名称と /b/ という音を持っている）の両方を指すが、外国語活動では、前者のみを指していることに注意したい。

カリキュラムを見てみると、3年生では大文字が、4年生では、大文字と小文字が出てきています。4年生では主に小文字に触れているようですが、大文字の認識も出てきています。目標に書いてあるように、フォニックスというよりは、アルファベットの名前読みをすることが目標となっています。

学習指導要領解説には、以下のように書かれています。

外国語活動

2　内容〔第3学年及び第4学年〕〔知識及び技能〕

　(1)　英語の特徴等に関する事項

　実際に英語を用いた言語活動を通して、次の事項を体験的に身に付けることができるよう指導する。

　㈡　文字の読み方が発音されるのを聞いて、活字体で書かれた文字と結び付ける活動。

　この事項は、発音される文字の読み方と書かれた文字とを結び付ける活動を示している。ここでの「文字」とは、英語の活字体の大文字と小文字を指し、「読み方」とは、文字の「名称」を指している。

　例えば、文字の名称を表す読み方を聞いて、活字体で書かれた文字を指したり、発音された順に文字カードを並べ替えたり線でつないだりして、「読み方」と「文字」を一致させていく活動などが考えられる。

　ただし、英語に初めて触れる中学年段階であることを考慮し、一時に全ての読み方と文

54

字について一致させることを求めたり、知識として指導したりするのではなく、あくまでも活動を通して、体験的に文字に親しませることが重要である。

　加えて、文字認識に関しては個人差が大きいことが予想される。中でも、児童にあまり馴染みのない文字については、「読み方」を聞いただけですぐに文字を見つけ出すことが難しい児童がいることも考えられる。そこで、活動に際し、指導者は児童の様子を観察しつつ、困難が認められた場合には、十分な間隔を空けてゆっくり一つ一つの文字を発音したり、発音した後に「文字」を示したりするなどして、児童の抵抗感を軽減し達成感がもてるような手立てを講じる必要がある。

　また、本活動の前段階として、歌やチャンツの中で文字の読み方に親しませたり、文字の形を指で作ってみたり、形に着目して仲間分けをしたりするなど、児童が文字に親しみ、興味・関心が高まるよう、多様な活動を経験させておくことが大切である。

3　指導計画の作成と内容の取扱い

　(2)　内容の取扱い

　文字の指導については、文字の名称の読み方が発音されるのを聞いて、活字体で書かれた大文字・小文字と結び付けるなどの活動を通して、児童が文字に対して興味・関心を高めるように、まず、身の回りに英語の文字がたくさんあることに気付かせたりするなど、楽しみながら文字に慣れ親しんでいくように、文字を扱うことが重要である。中学年の外国語活動では、文字の名称の読み方を扱い、文字に慣れ親しませ、高学年の外国語科における文字の指導と連携させるとともに、文字の名称レベルに指導を留めることに留意する必要がある。

　ただし、中学年の外国語活動で活字体の大文字・小文字に出合い、文字を使ってコミュニケーションを図った経験が、高学年の外国語科における「読むこと」、「書くこと」に円滑につながるようにする必要がある。そのためには、児童が文字を題材にコミュニケーションを図る活動を通して、文字への興味・関心を高めることが大切である。例えば、カードの下にその単語の綴りを添えたり、既出の "How many ～ ?" などの表現と結び付け、単語の文字数を尋ねたりする活動を設定するなどが考えられる。なお、その際、児童の発達の段階を踏まえると、英語の発音と綴りの法則を教え込むような指導は、児童に対して過度の負担を強いることになると考えられるため、不適切である。さらに、児童が文字を読んだり書いたりできない段階であることを踏まえ、英文だけを板書して指示するような、文字を使って行う指導とならないよう注意する必要がある。

　Unit6にアルファベットを学習することになっています。具体的な活動例が挙げられています。

【前段階としてやっておくとよい活動の例】

①歌やチャンツで文字の読み方に親しませる。

②文字の形を指でつくる。

③歌やチャンツの中で文字の読み方に親しませる。

【「読み方」と「文字」を一致させていく活動の例】

①文字の名称を表す読み方を聞いて、活字体で書かれた文字を指す。

②発音された順に文字カードを並べる。

③発音された順に文字を線でつなぐ。

【興味関心を高める活動例】

①カードの下にその単語の綴りを添える。

②How many ～？という既出の表現を使って、単語の文字数を尋ねる。

　「前段階としてやっておくとよい」とあることから、アルファベットの単元はUnit6ですが、その前の4、5月から少しずつ慣れ親しんでおくとよいでしょう。

4月または5月からやっておくとよいこと

①市販のCD等を活用し、アルファベットの歌、チャンツを授業で行う。

②歌いながら、好きな文字の形、1つを指でつくる。

③歌いながら、アルファベットの読み方に慣れる。

④歌う時に、教師がアルファベットを指し示す。

⑤フラッシュカードなどの絵カードに、文字を添える。

　（イラストが見えにくくならないように注意。フォントはWe canフォント）

⑥簡単な英語の絵本を教室に置いておき、時折読み聞かせをする。

⑦英語のポスターを掲示する（イラスト付きのもの）。

⑧音声ペンが付いているイラスト付き英語辞典を教室に置く。

---

　⑥⑦⑧については文部科学省の指導要領には書かれていませんが、レベル別の簡単な絵本、おもしろい絵本はたくさんありますので、そういったものも取り入れていくとよいと思います。様々な方法で、子どもが楽しみながら文字に自然と触れる機会があるとよいでしょう。

おすすめの本…そのまま読んでも理解しやすいものがよいでしょう。読み聞かせ用の大きなものは高額ですが、楽しいです。小さな本は、数百円で買えるものもありますので、実物投影機を使って読むなど、工夫して読み聞かせすることも可能です。

その1　Five little monkeys jumping on the bed.

　　　　　→歌にもなっています。そのまま読んでも面白く、1年生の子どもも理解できます。

その2　Who stole (took) the cookies from the cookies jar?

　　　　　→アプリコット社のものを選ぶと、チャンツが載っています。チャンツにして遊ぶこともできます。

その3　絵本ではありませんが、音声ペン付きの図鑑もあるとよいでしょう。ペンでタッチすると音声が出るような図鑑は、インターネットで検索するといくつも出てくるので、教室に1つ置けるとよいでしょう。1冊5000円程度です。

How many 〜？という既出の表現を使って、単語の文字数を尋ねる。

という活動例も紹介されています。

　この活動の時に、おすすめの教材があります。
輪郭英単語カード（東京教育技術研究所）です。
「フォントが違うのでは？」という声もあるかもしれませ
んが、なぞり書きのフォントは「a」にするにしても、目にする単語は「a」と「*a*」両方触れ
ておくのもよいかと思います。

　How many letters? 5 letters. という活動にも使えますし、高学年で、言えるようになった
単語を読めるようにする時にも使えます。

　なお、文字指導については、以下のような注意書きもあります。

　英語の発音と綴りの法則を教え込むような指導は、児童に対して過度の負担を強いるこ
とになると考えられるため、不適切である。さらに、児童が文字を読んだり書いたりでき
ない段階であることを踏まえ、英文だけを板書して指示するような、文字を使って行う指
導とならないよう注意する必要がある。

　発音と綴りの法則というのは、例えばフォニックスが考えられます。「様々な活動があって
よい」とあるので、楽しく触れる分にはよいのだと思いますが、例えばその法則を長々と説明
して覚え込ませることは避けねばならない、ということだと思います。

　「英文だけを板書する」授業を見かけることがあります。教師は「英文を書くことによっ
て、低位の子をサポートしている」と考えているようです。

　しかし、それは違います。

　「英文が読める」のは、英語塾などに通い、文字の読み方を教わっている子だけで、教わっ
ていない子にとっては、サポートにはなりません。書いている教師は読めますから、あると安
心するのですが、子どもにとっては、わけのわからないものがずらりと黒板に書かれていると
いう状態になります。

　会話の補助として、英文を書くのは、補助にはなりにくいだけではなく、塾などに行ってい
て「読める子」が活躍でき、読めなくて当然なのに、「読めない子」が自信を失いかねない、
ということを覚えておくとよいでしょう。

　文字でサポートするよりも、「状況設定（場面設定）を工夫する」「繰り返し言わせる活動を
工夫する」「言えたか確認をしながら授業を進め、できていたらほめる」という過程がしっか
りできているかを確認する必要があります。

【高学年】

(1) 読むこと

ガイドブック (p.18) には以下のようにあります。

---

②読むこと

　先述したように、「文字の読み方」には文字の"名称の読み方"と、"文字が持っている音"がある。外国語活動と異なり、外国語科では"文字が持っている音"まで加えて指導する。ただし、音と綴りの関係まで指導することを意味するのではないことに留意したい。

学習指導要領解説外国語編に、より詳しく書かれています。

---

(2) 読むこと

ア　活字体で書かれた文字を識別し、その読み方を発音することができるようにする。

　この目標は、活字体で書かれた文字の形の違いを識別し、文字を見てその名称を発音できることを示している。英語の文字には、名称以外に、語の中で用いられる場合の文字が示す音がある。例えば、a や c という文字は、/ei/ や /si:/ という名称があると同時に、語 の 中 で は /æ/（例：bag、apple）や /ei/（例：station、brave）、/s/（例：circle、city）や /k/（例：cap、music）という音をもっている。この目標における「読み方」とは、音ではなく、文字の名称の読み方を指していることに留意する必要がある。これは、中学年の外国語活動において、文字の読み方が発音されるのを聞いて、どの文字であるかが分かるようにすることが目標とされていることを踏まえてのものである。

イ　音声で十分に慣れ親しんだ簡単な語句や基本的な表現の意味が分かるようにする。

　この目標は、中学年の外国語活動の「聞くこと」、「話すこと」の学習活動を通して、音声で十分に慣れ親しんだ簡単な語句や基本的な表現の意味が分かるようにすることを示している。日常生活に関する身近で簡単な事柄について、掲示、パンフレットなどから自分が必要とする情報を得たり、絵本などに書かれている簡単な語句や基本的な表現を識別したりするなど、言語外情報を伴って示された語句や表現を推測して読むようにすることを示している。

　アの項目で示したように、英語の文字には、名称と音がある。児童が語句や表現の意味が分かるようになるためには、当然のことながらその語句や表現を発音する必要があり、文字の音の読み方は、そのための手掛かりとなる。したがって、ここで示された目標に関して指導する際には、児童の学習の段階に応じて、語の中で用いられる場合の文字が示す音の読み方を指導することとする。その際、中学校で発音と綴りとを関連付けて指導することに留意し、小学校では音声と文字とを関連付ける指導に留めることに留意する必要が

ある。

　　目標が2つ示されています。

　　アでは、「アルファベットの名前読み」です。これは中学年と同じです。慣れ親しむのではなく、「分かるようにする」ことが目標です。

　　イでは「音声で慣れ親しんだ単語や英文の意味が分かるようにすること」です。ここで、「アルファベットの音」について触れてあります。扱う単語の「音」を指導することになりますが、ここでも注意書きがあります。

中学校で発音と綴りとを関連付けて指導することに留意し、小学校では音声と文字とを関連付ける指導に留めることに留意する

　　このことから、「聞く、話すなどして口頭で慣れ親しんだ単語や英文」を読んでみる、その時に、音についても触れる、というようなことになろうかと思います。「発音と綴りの関係」を教え込むということではないため、注意が必要です。

(2)　書くこと

　　ガイドブックより引用します。

⑤書くこと

　　「語順を意識しながら書き写すことができるようにする」という点がポイントである。英語の語順は日本語とは大きく異なっている。英語の文字を「書き写す」過程を通して、英語の語順にも気付かせることが大切となる。また、日本語は語と語の間にスペースは置かないが、英語では単語と単語の間にスペースを置く。このことにも注意して「書く」活動に取り組むことが大切となる。

(略)　特に、高学年に導入された「読むこと」「書くこと」は慣れ親しませる段階であることに留意したい。また、文構造や語順等については、コミュニケーション活動を通して気付きを促すことが大切であり、文法的な説明等を優先させることではない。

　　（「読むこと」「書くこと」共通しての注意すべきこと）

　　学習指導要領解説を見ていきます。

(5)　書くこと

ア　大文字、小文字を活字体で書くことができるようにする。また、語順を意識しながら
　　音声で十分に慣れ親しんだ簡単な語句や基本的な表現を書き写すことができるようにする。

この目標は、大文字及び小文字を正しく書き分けること、語順を意識しながら、語と語の区切りに注意して、音声で十分に慣れ親しんだ簡単な語句や基本的な表現を書き写すことができるようにすることを示している。

　文字を書く指導に当たり、大文字、小文字を活字体で書かせる際には、「a、c、e」、「f、l」、「g、y」など文字の高さの違いを意識させたり、「p、q」、「b、d」など紛らわしい形などを意識させたりするなど、指導の工夫をする必要がある。また、Aa からアルファベット順に指導すべきものと考えるのではなく、どの文字から書く指導をした方が児童にとって効果的であるかを考えることも大切である。例えば、A、H、I などの左右対称の文字、Cc、Jj、Kk などの大文字と小文字の形がほぼ同じ文字等、文字の形の特徴を捉えて指導するなど工夫することが大切である。

　また、「語順を意識しながら」としたのは、"Sakura pushed Taku." を、"Taku pushed Sakura." と語の順序を替えれば、意味が大きく異なってしまうように、英語では意味の伝達において語順が重要な役割を担っているからである。なお、児童に英語の文構造を理解させるために、語の配列等の特徴を日本語との比較の中で捉えて指導を行うことも有効である。

イ　自分のことや身近で簡単な事柄について、例文を参考に、音声で十分に慣れ親しんだ簡単な語句や基本的な表現を用いて書くことができるようにする。

　この目標は、例文を参考に、英語で書かれた文、又はまとまりのある文章を参考にして、その中の一文、あるいは一部の語を自分が表現したい内容のものに置き換えて文章を書くことができるようにすることを示している。

　例えば、名前や年齢、趣味、好き嫌いなど自分に関する事柄について、英文で書かれた文、又はまとまりのある文章の一部を、例示された語句、あるいは文の中から選んだものに置き換えて、自分に関する文章を書く活動が考えられる。その際、例示された中に児童の表現したい語句、又は文がない場合は、指導者が個別に書きたい語句を英語で提示するなど、児童の積極的に書こうとする気持ちに柔軟に対応する必要がある。

　アでは、「語順を意識しながら書き写すことができるようにする」「スペースを空けて書く」ということ。

　イでは「例文を参考に、英語で書かれた文、又はまとまりのある文章を参考にして、その中の一文、あるいは一部の語を自分が表現したい内容のものに置き換えて文章を書くことができるようにする」ということ。
が書かれています。

　活動や内容については、学習指導要領解説外国語編（pp.38～40）に書かれています。

2　内容
〔第5学年及び第6学年〕

60

〔思考力、判断力、表現力等〕

⑵　情報を整理しながら考えなどを形成し、英語で表現したり、伝え合ったりすることに
　関する事項

　　具体的な課題等を設定し、コミュニケーションを行う目的や場面、状況などに応じて、
情報を整理しながら考えなどを形成し、これらを表現することを通して、次の事項を身に
付けることができるよう指導する。

ア　省略

イ　身近で簡単な事柄について、音声で十分に慣れ親しんだ簡単な語句や基本的な表現を
　推測しながら読んだり、語順を意識しながら書いたりすること。

　　この指導事項は、「読むこと」、「書くこと」の領域に関するものであり、自分のこと、
友達や家族、日常生活について、絵や写真等、言語外情報を伴って示された簡単な語句や
基本的な表現を推測しながら読んだり、語順を意識しながら書いたりすることを示してい
る。

　　その際、単に絵や写真と結び付けて英語の意味を推測して読むことを目的とするのでは
なく、例えば、外国の友達の日課について送られてきた写真を伴う英文のメールを読み、
自分の日課との共通点と相違点を捉え、返事をどのように書くのか考えながら絵や写真と
結び付けて英語の意味を推測して読むことだけでなく、音声で十分慣れ親しんだ語句が文
字のみで示された場合、文字の音を頼りに、その語句の読み方を推測して読むなど、児童
が「思考力、判断力、表現力等」を働かせてコミュニケーションを行うことができるよう
な目的や場面、状況等を明確に設定する必要がある。

　　また、「語順を意識しながら」とは、文を書く際に、どのように語を並べると自分の伝
えたいことが適切に伝わるかを考えることが重要であることを示している。

　　英語では意味の伝達において語順が重要な役割を担っており、例えば、"Sakura
pushed Taku." を、"Taku pushed Sakura." と語の順序を替えれば、意味が大きく異なっ
てしまう。そのため、児童に英語の文構造を理解させるために、語の配列等の特徴を日本
語との比較の中で捉えて指導を行うなどの工夫も考えられる。

　　また、単に、語順を意識して英語を書くだけでなく、例えば、外国の姉妹校の同級生と
メールや手紙で「将来の夢」について伝え合い、自分たちの夢との共通点や相違点を知る
ことで、多様な考え方や価値観に触れ、様々な国の人々とのコミュニケーションへの意欲
を高めるなど、主体的な学びにつながる学習活動を展開する必要がある。

ここで紹介された具体的な活動は以下の通りです。

①絵や写真などの、文字以外の情報も見ながら、自分のこと、友達や家族、日常生活に関
　する基本的な表現を推測しながら読む。

②自分のこと、友達や家族、日常生活について、基本的な表現を、語順を意識しながら書

く。

③文字のみで示された語句（音声で十分慣れ親しんだもの）を、文字の音を頼りに、その語句の読み方を推測して読む。

④外国の姉妹校などの同級生とメールや手紙で「将来の夢」について伝え合う。

さらに次のような活動も可能です。

⑤語順を意識して読む。⇒イラスト付きの単語を並べ替え、文にする⇒それを書き写す。

⑥スペースを空けて単語を薄く書き、それをなぞり書きする。その後、写し書きをする。

スペースを意識させるには、まず、3回くらいなぞり書きをさせるとよいでしょう。5、6年生には、「指1本分空けなさい」と指示をしたこともありました。

移行期間である2018年度、2019年度は、70時間確保できない学校もあるでしょう。

そういった場合は、まずは、文部科学省から出された「移行期間カリキュラム」を参考に、「聞くこと」「話すこと」中心に行うべきであると考えます。そこで使う絵カードに英語を添えるとよいでしょう。

移行期間中のカリキュラムでは、5、6年でもアルファベット大文字と小文字に触れます。まずはそこからのスタートとなります。

移行期間の2年間で、「話すこと」「聞くこと」の指導を中心に行いつつ、「アルファベット」の学習を行い、慣れてきたら徐々に、なぞり書き、写し書きなどを取り入れていくとよいでしょう。文字指導よりも、先に重視すべきは、「話すこと」「聞くこと」の指導であると考えます。

文部科学省から文字指導の教材も出されるでしょう。

これらを参考に、2年間の間に、徐々に、文字指導の研究をしていけばよいのではないかと思っています。

中学校の先生から、「発音と綴りの関係を小学校のうちに指導して欲しい。」と頼まれました。と、ご相談を受けたこともありました。

ガイドブックをお読みいただけば、答えがあります（p.18）。

新学習指導要領では、外国語活動が高学年から中学年へ、また、高学年は中学校の内容が前倒しにされたかのような印象を受ける。しかし、そのように考えることは、その目標を見誤ることにつながりかねない。特に、高学年に導入された「読むこと」「書くこと」は慣れ親しませる段階であることに留意したい。また、文構造や語順等については、コミュニケーション活動を通して気付きを促すことが大切であり、文法的な説明等を優先させることではない。コミュニケーション能力の育成は小中高を通じた共通した目標である。発達段階にあった目標を設定し、樹木が穏やかに成長するように、児童生徒のコミュ

ニケーション能力を緩やかに確実に育んでいくことが重要である。

小中連携という観点からも、「中学校の前倒しではないこと」、「発音と綴りの関係は中学校で扱うこと」を中学校の先生にもご理解いただくことも大切になってきます。高校英語で学習する文法を、中学校で教えるように求められることはありません。他の教科に置き換えてもわかりやすいかと思います。

6 教科としての「評価」

- ・数値化していいのか。
- ・文言だと大変ではないか。
- ・評価するには時間がかかるのではないか。
- ・教師によって評価が異なるのではないか。
- ・みんな A ばかりになってしまうのではないか。
- ・C をつけたら嫌いになってしまうのではないか。
- ・声が小さい子はどうしたらよいのか。
- ・声が大きく出ない子は C なのか。

等、様々な疑問があります。

ここではそれぞれにお答えしませんが、評価について聞かれた時にお伝えしているのは、

> 通知表のためではなく、指導をよりよくするための評価をする

ということです。C がつく子がいないように、指導法の改善を重ねていくことが重要なのです。

数値による評価を行っている学校もあります。「教科」となるのですから、今後そういう流れになることも考えられます。そうなったとしても、通知表につけるために評価をするのではありません。

「○人が言えるようになったが、△人が言えるようにならなかった。だから、次はこのような指導方法の工夫をしよう。」

「意味がつかめていなかったようだ。次は、状況設定をもっと工夫するとともに、必然性のある活動を行おう。」

評価をすることで、教師自身の教え方がどうであったか、授業がどうであったか、活動がどうであったかを、振り返ることにもつながります。

また、子どもの様子を把握し、記録しておくことは、一人一人の成長を見つけることにもつながります。

「この子は声は小さいけれど、集中して取り組んでいる。声をかけて自信をもたせて、相手に聞こえる声で話せるように、励まし続けよう。」

「手を挙げられなかったけれど、今日は初めて挙げられた。」

Ⅱ　移行期スタートダッシュ！大作戦のヒント　63

できるようになったことを見取り、具体的にほめていくことも大切です。

授業中もほめますが、授業のあとにも子どもによく声をかけるようにしています。

「今日の発表、とてもよかったですよ。声がすみずみまで届いていましたね。」とほめました。自信をもって次から手を挙げたり、廊下ですれ違った時に、英語で "Hello. How are you?" と声をかけたりするようになりました。

移行期間中には、まずは、

●指導の改善に生かすための評価

●子どもを伸ばすための評価

を意識していくとよいでしょう。

ガイドブック（p.28）にも、

　子供たち一人一人に学習指導要領の内容が確実に定着するよう、学習指導の改善につながる取組が進められることが期待される。

とあります。

評価についての研修は、2年間を通して学校全体で行うようにします。

そのために、文科省事業である「英語教育強化地域拠点校」の取り組みから参考にするとよいでしょう。学校に連絡を取ると、資料を分けてもらえるかもしれません。

1時間の授業の流れの作成法
―三構成法でつくってみよう

1　1時間の授業の構成～様々なパーツを組み合わせよう

　1時間の授業の流れを決めておきます。慣れてきたら、実態や目的に応じて変化させるとよいでしょう。今後はここに新教材を使った活動や文字指導が入るかと思います。新教材を使った活動、文字指導ともに、最後に入れると流れが壊れないと考えますが、内容、実態に応じて、入れるところを工夫してください。太枠の部分が三構成法です。

3、4年生

1	導入	あいさつをする、単語練習をする、歌から入る、など。
2	歌やチャンツ	授業によって省略することもあります。
3	復習	既出事項の復習。会話活動ができるとよいです。 How are you?　I'm~. と数人とやり取りするだけでも違います。
4	単語練習	本時で使う単語をフラッシュカードで練習します。 ここで、単語に慣れ親しませるために、かるたなどのゲームを入れることもあります。
5	状況設定・ダイアローグ練習	本時で扱うダイアローグ（対話文）がどのような状況で使われるのかを、示します。とても重要な部分です。 その後、繰り返し口頭練習を行います。
6	アクティビティまたはゲーム	かるたなどの勝敗がつくゲームを行ったり、学習した対話文をいうようなアクティビティを行ったりします。 シンプルに3人と話しなさい、というのでもよいです。
7	アクティビティ	状況、場面が明らかで、必然性のあるアクティビティをします。前時までに学習したことも付け加えて、会話を長く続けさせるのもよいです。文科省新教材の Activity がここに入る場合もあります。
8	文字指導・新教材など	文科省新教材にある動画を見たり、英文を聴いたりする活動。アルファベットの活動をしてもよいでしょう。
9	振り返り	子どもたちに今日の会話を使って発表させる、隣の友達とペアで、会話をさせる、できるようになったことを口頭で発表させる、など。

5、6年生

1　導入	あいさつ　基本的なあいさつ
2　復習	自己紹介の復習
3　復習	前時の復習　前時より前の単元の復習　など
4　単語練習	本時で使う単語をフラッシュカードで練習します。ここで、単語に慣れ親しませるために、かるたなどのゲームを入れることもあります。
5　状況設定・ダイアローグ練習	本時で扱うダイアローグ（対話文）がどのような状況で使われるのかを、示します。とても重要な部分です。その後、繰り返し口頭練習を行います。
6　アクティビティまたはゲーム	かるたなどの勝敗がつくゲームを行ったり、学習した対話文をいうようなアクティビティを行ったりします。シンプルに3人と話しなさい、というのでもよいです。
7　アクティビティ～つなげて会話～	状況、場面が明らかで、必然性のあるアクティビティをします。前時までに学習したことも付け加えて、会話を長く続けさせるのもよいです。文科省新教材のActivityがここに入る場合もあります。
8　文字指導・新教材など	文科省新教材にある動画を見たり、英文を聴いたりする活動。または、なぞり書き、写し書きなど。
9　振り返り	子どもたちに今日の会話を使って発表させる、隣の友達とペアで、会話をさせる、できるようになったことを口頭で発表させる、など。

　3、4年生との違いは、「つなげて会話」をすることです。（「つなげる」の元実践も井戸氏です）1授業で1～2往復のやり取りのみでは、「臨機応変に対応する」力は身につきません。定着のためにも、既習事項を組み合わせ、会話をなるべく続けさせることがポイントです。

　「できたかどうか」の評価をする必要もあります。授業中の観察のほか、定期的にインタビューテストを行ったり、以下のような評価を行ったりするとよいでしょう。

①他の児童がなぞり書きや写し書きをしている間に、ペアごとに会話のやり取りのチェックをする。

②他の児童がなぞり書きや写し書き、振り返りをしている間に、個別に呼んで、T1、T2で協力をして一人一人と会話をする。

2 効果的な各パーツの活用ポイント

①導入

導入部分は、毎回違っていても、クラスによって違っていてもよいです。

例えば、前の授業が体育だとします。体育館や外から戻るのが遅く、チャイムが鳴っても全員がそろわない、ということがあります。

全員が着席するのを待って「何をしているの。早くしなさい」と叱って始めるより、チャイムの時には座って準備している子たちと、楽しく歌いながら待っているほうがよいです。遅い子たちも、楽しいことを一緒にしたいので、急いで準備をします。叱ってスタートするより、お互い楽しく始まりたいものです。

ALTと少し早めに行って、よく、Head shouldersをCDで流して、歌ったり踊ったりして待っていたこともありました。「歌いなさい」とは一言も言いません。なんとなくみんなが集まってきて、楽しく踊っているうちにチャイムが鳴り、Hello! と始めることができました。

前の時間に何かあったのか、泣きじゃくっている子がいることもありました。担任の先生とはお話ができていて、解決しているけれど、気持ちを引きずってしまっているようでした。そんな時にも、笑顔で歌から始めました。その子もいつの間にか、にこにこして、参加していました。気持ちが切り替わったようでした。

1、2年生にはEency Weency spiderを流していました。よくわからなくても近くに寄ってきて、私たちを囲んで、手遊びをしながら、ニコニコしながら一緒に歌っていました。

> 楽しい歌を選んで、流して始める、というのも1つの方法です。

全員が座って待っているような時にはHello. How are you? と始めることもあります。

単語練習（前の時間の復習）から始める先生もいました。単語練習をして、一気に巻き込んで、そのまま、前の時間の会話の復習をし、あっという間に子どもたちが、Hello! Do you like sushi? などと会話を始めます。

子どもが元気いっぱいで落ち着かせたい時には、絵本の読み聞かせから入ってもよいでしょう。

子どもたちが楽しく始められるならば、様々な始まり方があってよいと考えます。ぜひ工夫してみてください。

②歌やチャンツ

文部科学省から出される新教材にも、チャンツが多用されているようです。

歌やチャンツの効果については、以下のようにまとめられています（ガイドブック実践編p.105）。

⑴　児童の興味・関心を高めることができる
・児童は、言語の「学習」であるということを意識せず、楽しく活動に参加できる
・歌を聞いたり歌ったり、リズムに合わせて発音する中で、児童を自然に英語の世界に導くことができる
・リズムに乗って声を出すため、声を出すことへの恥ずかしさを軽減する
・全員で音楽に合わせて活動するため、学級全体に一体感が生み出せる
⑵　外国語の音声やリズムに慣れ親しむことができる
・外国語独特のリズムやイントネーションを繰り返し聞くことで、自然に身に付けることができる
・歌を歌う、動作を交えるなど、体全体で英語の音声やリズムに触れるため、記憶に残りやすい
・簡単な歌は、繰り返しが多く、英語らしい発音を身に付けやすい
・チャンツは、単純な繰り返しの中で、単語を置き換えるなどして、表現を増やすことができる

　また、同ページに「教科としての授業では、今まで以上に学習内容の定着が求められ、歌やチャンツで慣れ親しんだ自然な英語の表現が、実際のコミュニケーションの場で生かされることが望まれる。」ともあります。

　「これまで以上に定着が求められる」から「歌やチャンツで慣れ親しむ」という方法が取り入れられているようです。「定着を求める」のならば、これまた、歌やチャンツのみに頼ることなく、様々な方法があっていいと考えます。

　新教材のデジタル版では、ボタンをクリックするとチャンツが流れます。

　慣れ親しませるためのものだとしたら、目の前で教師（担任、JTE、ALT）が口の形を見せながら発話してくれ、それを見ながらまねをする、という活動も重要なのではないかと考えます。

　「今後は、歌やチャンツの効果を意識し、使用目的を明確にするなど、以下のような活用上の留意点を念頭に置き、授業に取り入れることが求められる。」（ガイドブック実践編 p.105）とあるように、なんでもチャンツに頼るのではなく、どのような場面で使うのが効果的なのかを考えて取り入れる必要があり、時には使わない、という選択をすることも出てきます。

　「歌は、声を聞かせるのと、CDとどちらがよいのですか。」
という質問を受けたことがあります。どちらにもよさがあります。

　ギターを弾きながら、自作の歌を歌っている先生の授業を見たことがあります。音程が安定していて、子どもたちが歌いやすい音域でできていて、子どもたちが楽しんで歌っていました。そういった歌ならば、CDなしでよいと思います。また、教師がしっかりと覚えていて、CDと同じ音程で歌えるならば、そのほうがよいです。

音源なしで歌う時には、

・子どもたちの声の音域に合っているか。

・音程が安定しているか。

・速さが安定しているか。

を確認する必要があります。

大人である教師の声に合わせてしまうと、低すぎて、子どもたちが歌いにくくしていることもあります。また、音程が安定していないと、子どもたちの音程が合っているにもかかわらず、教師に合わせようとして、歌いにくそうにしています。速さを意図的に変えることはよいのですが、ゆっくりすぎても楽しさが半減します。

そう考えると、市販されている CD は、子どもの声の高さに合っていたり、子どもが好きな速さだったり、と工夫されています。

同じ歌でも、CD によって歌詞、速さ、音程などが違うことがあります。

できれば毎年、様々な CD を 1 つずつ買いそろえていき、子どもたちが喜んで歌う曲を探すとよいです。

アプリコット社『NEW Let's Sing Together CD & SONG BOOK セット』に出てくる曲はどれも楽しく、子どもたちも喜んで歌っていました。

特に、Head shoulders は、速さが変わり、子どもたちが大喜びで踊ります。

Eency Weency Spider は、手遊びをしながら、1、2 年生と一緒に歌いました。

Five little monkeys は、絵本の読み聞かせのあとに歌いました。Disc2にはクリスマスソングも入っています。クリスマスカードをつくりながら、BGM として流していました。冊子が付いてきて、遊び方も載っています。

ALT がもっている CD には、楽しい Hokey Pokey が収録されていて、6 年生でも盛り上がりました。色々な会社の CD をそろえてみると、子どもたちが喜んで繰り返し歌う曲がたくさん見つかります。タブレットのアプリにも、動画付きのものがあります。You Tube にある PINKFONG 公式ページもおすすめです。

③復習

既習事項（既出事項）の復習をします。今後、5、6 年生では定着が求められますから、その単元が終わってからも「言える」「聞いてわかる」という状態でないといけません。

カリキュラム自体、繰り返し既習事項が出てくるような流れにはなっていますが、それでも意識して復習の時間を設けるとよいです。

復習の例としては

①自己紹介、自分のことを伝える活動（名前、年、好きなもの等）

②基本的なあいさつ（気分、天気、曜日、時刻などを尋ねたり答えたりする活動）

③前時、あるいは前単元の復習

④本時で学習する表現に関連した表現

（favorite を扱うならば、like の復習など）
が挙げられます。
　ここもフラッシュカードがあればできます。

復習例その1　自己紹介

準備：黒板に子どもの年（5年生ならば10、11）ハートの絵、手の絵を書く。
　T：Hello.　A：Hello.
　T：I'm Sachiko.　A：I'm Takeshi.
　T：I am 30.　A：I am 10.
　T：I like tennis.　A：I like piano.
　T：I have a tennis ball.　A：I have a piano.
　T：Bye.　A：Bye.
　やり方を示してから活動させます。
　T：Talk with 3 people! Ready, go!
　最初は名前と年だけ。好きなものを加える、などしていきます。慣れていけば、全て言えるようになります。楽しくない、と思うかもしれませんが、手の込んだ活動よりも、シンプルに「伝え合う」ということを楽しむようになります。英語で話せること自体が楽しいようです。教師も会話活動に参加し、笑顔で楽しそうに率先して話しかけることが大切です。

（板書例）

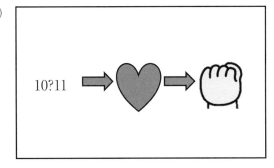

復習例その2　あいさつ

準備：気分、天気、曜日、時刻を表す絵カード（巻末参照）を黒板に貼る。

　絵カードを指しながら

　T：How are you?　Ss：I'm ~.（答え方はばらばらでよい）

　T：（カーテンを開けながら）How's the weather?　Ss：It's sunny.

　T：（カレンダーや黒板の曜日を指しながら）What day is it?　Ss：It's Sunday.

　T：（時計を指さしながら）What time is it?　Ss：It's 9:45.

　子どもたちがうまく言えていなかったら、リピートさせます。

　尋ね方がまだうまくいかなかったら、尋ね方も確認します。

　ペア活動をします。1人が質問をし、1人が答えます。その後役割交代です。

　慣れてくれば、子どもたちで活動を始めます。

復習例その3　前時、あるいは前単元の復習

準備：前時、あるいは前単元で学習した単語カード

　単語練習（慣れていたら1回リピート→0回でも大丈夫です）

　状況設定、ダイアローグ口頭練習（確認程度です）

　アクティビティ　会話活動　Talk with many people.（時間制限にしてもよいです）

の流れで行います。5分くらいでできます。

復習例その4　本時で学習する内容に関連したものの復習

準備：関連する単語カード

　例えば、What would you like?　I would like ~.が新出だとしたら、

　What ~ do you want? の復習をします。

　単語練習

　状況設定、ダイアローグ口頭練習

　What food do you want?　I want ~.

　アクティビティ　友達が家に遊びにきた場面。

　ジェスチャー付きで、会話をしよう。

　A：What food do you want?　B：I want steak!

　A：（料理をするまねをし、熱いものを渡すように）Here you are.　B：Thank you.

Ⅱ　移行期スタートダッシュ！大作戦のヒント　71

④状況設定・ダイアローグ練習

状況設定はとても大切です。

慣れてくると、T1とT2の会話を聞かせて終わりになってしまいがちです。

T1：Hello.　T2：Hello.

T1：What color do you like?　T2：I like blue.

T1：Bye.　T2：Bye.

状況が示されていないと、ただ英文を聞いているだけの時間になってしまいます。

どのような状況、場面で話されているのかを明確にする必要があります。

状況設定例1　What color do you like?　I like～.

〈Tシャツをお土産に買ってきた設定〉

　青色のTシャツ、白いTシャツ（の写真）などを見せて、Present for you. What color do you like? と聞く。

状況設定例2　What do you have? I have～.

〈遠足のおやつを聞く設定〉※敷物、リュックを準備できるとよい。

　　A：（リュックから絵カードや果物の模型、お菓子の袋などを取り出して）

　　　　おやつ time! I have a banana, せんべい , and chocolate!

　　　　What do you have?

　　B：I have potato chips and ラムネ！

　　A：Let's exchange おやつ！（おやつ交換！でもよい）

　　B：OK!　交換してみせる。

　状況設定は様々工夫できます。TOSS ランドにもたくさんあります。

　状況設定をしないと、いくら日本語で説明しても違うことを感想として述べることがあります。like と want の違いを示すことは難しいのですが、状況設定を工夫した先生が「日本語でのめあてを示さなくても、欲しいものを伝える時の言い方がわかった、と子どもが感想に書いていました。」と言っていました（第Ⅰ章でも紹介しました）。

　逆に、めあてを書いたのに、子どもが感想に「好きなものを伝えられました。」と書いているのを見たこともあります。説明も大切かもしれませんが、子どもは目で見て、感じたことで覚えるのだ、ということを痛感しました。

72

⑤アクティビティ・ゲーム

　第Ⅰ章でご紹介したように、様々なものがあります。

　慣れてきたら、シンプルに、

　Talk with three friends.

　Talk with your neighbor.

　Talk with many people.

と、会話活動をさせるだけでも夢中になります。

　会話そのものを楽しむ、という観点で考えれば、これも立派なアクティビティです。

⑥アクティビティ（状況が明らかで、話す必然性のあるもの）

　文科省から示されたカリキュラムに

> カードを作るために、欲しい色や形を集める（A red circle, please.）
>
> パフェ作りのための果物を集める（I want a banana, please.）
>
> 文房具セット作りをする（I have three pens.）

というような活動が紹介されています。

　毎時間テーマを設定するのが難しいとしても、単元の最後には、学習した表現をつなげて、このようなアクティビティをしていくとよいでしょう。また、新教材に Activity というページもあり、ワークシートのようになっていますから、そこを活用することもできます。

　毎時間行えるアクティビティとしては、カード集めや、状況を明らかにして、ジェスチャーをつける会話活動があります。

　①カードをもち、欲しい色や形を集める活動 I want ~.

　②クイズを出し合う活動 What's this?

　③お店やさんになりきって What would you like? と質問をし、相手が欲しいものをつくる
　　ふりをして渡す。

　　このように、ちょっとした工夫で楽しくなります。

⑦新教材・文字指導

　新教材はデジタル版も作成されていて、発音に苦手意識がある教師にとって、ありがたいものです。とても優れたものですが、これまで英語を学習していることが前提としてつくられており、難しく感じるものもあります。

　「難しいのではないか。」

と感じたら、無理に扱う必要はなく、子どもが「できる」「楽しい」という思いをもつことを最優先すべきであると思います

　最初に動画を見て英語を聞く活動、「Let's Watch and Think!」がありますが、教師の話す

Ⅱ　移行期スタートダッシュ！大作戦のヒント　　73

英語を聞いて、繰り返し口頭練習を行い、一通り学習してから、「まとめの活動」として、「Let's Watch and Think!」見てみるのもよいのではないかと思います。

　「最初からその通りにやる」ということよりも、「子どもが難しいと思う部分は無理にやらない」「できそうな部分を扱う」という考え方で使っていくとよいでしょう。

⑧振り返り

　ガイドブック（p.38）に次のような記載があります。

（2）　授業構成について

　　1コマ（45分）の基本的な流れは、〈（例）挨拶→ウォームアップ／導入／復習→中心となる活動→振り返り→挨拶〉としている。

具体的な内容については、

　「本時の活動を振り返り、振り返りカードに記入する。児童の英語を使おうとする態度についてよかったところを称賛する。」とある。（ガイドブック p.39、p.41、p.42、p.43）

　感想を記入させるという方法もよいですが、振り返りの方法は工夫されるべきだと考えます。「毎時間書いていたところ、3年生の感想と6年生の感想が同じようになってしまった、毎時間同じような感想になってしまうが、意味はあるのだろうか。」という質問をいただいたこともあります。

　感想を書かせるだけが振り返りではないと考えます。ガイドブックにも「児童の英語を使おうとする態度についてよかったところを称賛する。」とあります。

　感想を言わせる、習った表現を使って会話をさせる、ALTと会話を続けさせてみる、発表させる、など、様々な方法が考えられ、そこで、「態度についてよかったところを称賛」すればよいのではないでしょうか。

③ この教材があれば怖くない！
－自作ワークシートを使った活動

「**フラッシュカード**」カードの作成方法については前に紹介しました。

　作成したカードをどのように保管しておくかは校内研修で共通理解するとよいです。これについては、応用編で触れます。

「**文科省から出されたワークシート**」2018年2月に、各小学校に向けてワークシート（文字指導も含む）が公開されました。

　年度初めに全て片面印刷し、学年ごとにファイルを用意して、入れておきます。「キングジム　クリアーファイル　スムーズイン　A4　20ポケット」（参考価格540円）は、ポケットの丈が七分丈なので取り出しやすいです。学年の先生で管理をします。ファイルは学級分あるとさらによいでしょう。

「**自作ワークシート**」自作ワークシートは、子どもの実態に合わせてつくることができます。この時にも、わかりやすいイラストを使うようにしましょう。

① インフォメーションギャップ　何時に起きる？

扱うダイアローグ：What time do you get up?　I get up at ~.

　次のページにあるような5種類のワークシートを用意します。児童に、1枚ずつ配ります。児童の人数に応じてワークシートの種類を増減します。次ページのワークシートは、印刷して自由にお使いください。

A：ワークシートAを配られた子　　B：ワークシートBを配られた子、とします。

A：Hi, I'm くみこ.　B：I'm なおと. くみこ、what time do you get up?

A：I get up at six a. m.　B：OK.（くみこのところに6：00と書く）

A：なおと、what time do you get up?　B：I get up at seven.

A：OK.（なおとのところに7：00と書く）

このようにして表を埋めていきます。そして、また、別の友達に話しかけます。

A：Hi, I'm くみこ.　C：Hi, I'm ちえみ.

C：くみこ、what time do you get up?

A：I get up at six a. m.　C：OK.（くみこのところに6：00と書く）

A：ちえみ、what time do you get up?　C：I get up at five thirty a. m.

このようにして、全ての表が埋まったら、席に着きます。

Ⅱ　移行期スタートダッシュ！大作戦のヒント　　75

ワークシート A

くみこ	なおと	ちえみ	ゆうや	さちこ
6：00 a. m.				

ワークシート B

くみこ	なおと	ちえみ	ゆうや	さちこ
	7：00 a. m.			

ワークシート C

くみこ	なおと	ちえみ	ゆうや	さちこ
		5：30 a. m.		

ワークシート D

くみこ	なおと	ちえみ	ゆうや	さちこ
			6：40 a. m.	

ワークシート E

くみこ	なおと	ちえみ	ゆうや	さちこ
				7：10 a. m.

2　誕生日インフォメーションギャップ

　子どもたちに親しみのある先生方の協力を得て、誕生日インフォメーションギャップをつくることもできます。イラストを、絵を描くのが得意な先生に描いてもらうことで、巻き込むこともできます（喜んで引き受けていただけたら、ですが）。

　パワーポイントで1枚目をつくります。そのあとは、ページを複製して、線を変えるだけです。簡単につくれます。

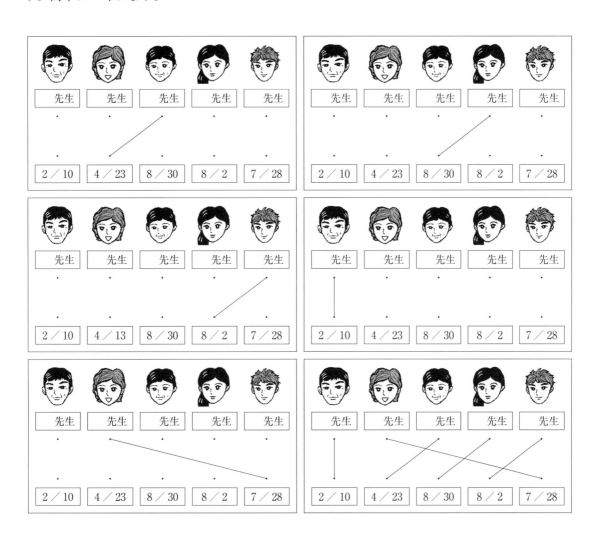

　右下のワークシートは、全ての答えが書いてあるものです。教師用にもっておくとよいです。デモンストレーション用に、でたらめな誕生日が書いてあるものをつくり、A3に拡大して黒板に貼り、T2とやり方を示すとよいです。

3 ビンゴ

A：What subject do you like?

B：I like P. E.. （A は体育に○をつける）

B：What subject do you like?

A：I like music. （B は音楽に○をつける）

　色々な友達に話しかけ、ビンゴを目指します。制限時間内で、いくつビンゴができたかを聞いてもよいです。他の語彙でもできます。

好きな教科ビンゴ　　　　　　　　　　名前（　　　　　　　　　　　　　　　）

science	English	music
arts and crafts	Free	math
P. E.	home economics	social studies

4 「ICT 教材」

　視聴覚教材・ICT 活用については、ガイドブック（実践編 p.114）に次のように書かれています。

> 　以下のような効果から、視聴覚教材・ICT が導入されている。
> ・実物や写真等を大きく、見やすく提示することで、児童の集中力を高める
> ・世界各地の映像や動画等の素材を活用することで、児童の興味・関心を高めることができる
> ・インターネットを介し、学校外の人物と会話したり情報を収集したりすることができる
> ・動画を要所で一時停止し、静止画像として活用したり、解説を加えたりできる
> ・ネイティブ・スピーカーの発音に触れ、日本語と英語の音声の違いに気付かせることができる
> ・プレゼンテーション用ソフトを使用し、文字や文構造等の指導のポイントを明確に示すことができる
> ・個々の学習の履歴として記録し、学習のまとめや振り返り時において、繰り返し再生したり見直したりすることができる。

　これらの効果があることからか、文科省の新教材にも、視聴覚教材や動画が多用されています。まだサンプルしか目にしていませんが、クリックをすると動画が見られたり、チャンツが聞けたりします。

　その他、単語練習も ICT 機器で行うこともできます。パワーポイントで単語カードのデータを作成しておくと、印刷するにも、ICT 機器で練習するのにも、楽だからです。

　ICT 教材を活用すると、とても便利ですが、動作確認が必ず必要です。

　できれば前日の放課後までには、動作確認をしたり、ICT 機器での単語練習の仕方を確認したりするようにしましょう。パソコンを見ながら授業をしていては、子どもたちの様子がよく見えません。子どもに長時間背を向けて授業をすることは避けたいものです。

　リモコンマウス等を使って、子どもたちを見ながら活動ができるよう、練習しておくとよいです。

　また、実際に動作がうまくいかなかった時に備えて、絵カードなども用意しておくとよいでしょう。

　動画付きコンテンツも用意されていますが、教師や ALT の声で、子どもたちにとってより身近なことを紹介すると、より一層興味を引くでしょう。

Ⅱ　移行期スタートダッシュ！大作戦のヒント　79

4 授業を決める！ 状況設定の工夫
－状況設定の工夫と明確なアクティビティを

1 状況設定（導入・アクティビティ）を工夫しよう

　三構成法を取り入れながらの授業をすることで、子どもたちは、教師が訳さなくても英文の意味を推測し、楽しく繰り返し口頭練習をし、そして、アクティビティにより体験的に身につけていきます。

　　三構成法の流れを再度確認します。
　①単語練習
　②状況設定・ダイアローグ練習
　③アクティビティ

　どれも重要な流れなのですが、新学習指導要領でも取り上げられているのが「場面を明確にして会話を聞かせる」「場面を明確にして、必然性のあるやり取りをする」ことです。
　つまり、②と③が重要であることが確認されました。
　授業をしてきたり、あるいは授業をしていただいたりする中で、
　「日本語で訳しても、状況設定が弱ければ、英文の意味を勘違いする子どもが現れる。」
　「日本語で訳さなくて、状況設定がしっかりとしていれば、英文の意味を理解して使っている。」
　「楽しいゲームだけで終わってしまうと、英文の意味を理解しないままの子どもが現れる。」
ということがわかりました。
　状況設定フラッシュカードには含まれていない新出表現もあります。また、高学年では、表現が難しくなっていくとともに、英語でのやり取りの回数も増えていきます。
　「どのような場面で会話がなされているのか」という状況設定の工夫、そして、「状況が明確にされたアクティビティ」の工夫をしていく必要があります。
　文部科学省の新教材にある、Let's Watch and Think がそれにあたるのだと思いますが、映像だけでなく、先生方の生の会話を聴かせると、インパクトもあり、印象に残りやすいでしょう。1単元に1つ、ではなく、1授業に1つそういった活動を入れるといいでしょう。
　また、3、4年生では1、2往復のやり取りでよいのですが、5、6年生になったら、既習のやり取りはもうできるものとして、それらを使って会話をつなげていき、臨機応変に表現できることも目指していきます。
　3年生のうちに、簡単なやり取りが長く続けられても楽しいと思います。
　絵カードなどを使い、状況を明らかにしていき、会話が無理なく楽しく続けられるとよいで

しょう。

2 状況設定の工夫―3年生「This is for you.」全5時間計画

（年間35時間実施する場合）

ダイアローグ：What do you want?　I want ~. This is for you.

　文科省のプランではカードづくりになっていますので、ここでは違う状況設定を提案します。What do you want? は、言い方によっては失礼になることもあるため、What ~do you want? にしている時間もあります。

　What do you want? を使う時には、相手を意識した話し方になるよう、十分気をつけさせましょう。なお、応用編ということで会話を長く続ける設定にしてありますが、子どもの実態に応じて加減をしてください。

	状況設定	ダイアローグ
第1時	友達の家。喉が渇いている状況 （友達同士の会話）	A：How are you? B：I'm thirsty. A：What drink do you want? B：I want water. A：Here you are. B：Thank you.
第2時	友達の家。お腹が空いている状況 （友達同士の会話）	A：What food do you want? B：I want ~. A：How many（do you want）? B：Two, please. A：Here you are. B：Thank you.
第3時	買い物を頼まれている場面 （親子の会話）	A：What do you want? B：I want carrots. A：How many carrots do you want? B：I want three. A：OK! B：Curry and rice? A：Yes!

第4時	買い物を頼まれている場面 （親子の会話） または、キャンプでつくるカレーの具材の買い物について話し合っている場面 （友達同士の会話）	A：Today's dinner is curry and rice! B：What do you want? A：I want carrots. B：How many carrots do you want? A：I want three. B：Do you have beef? A：No, I don't. B：Do you want beef? A：Yes, I do. B：OK!
第5時	買い物を頼まれている場面 （親子の会話） または、キャンプでつくるカレーの具材の買い物について話し合っている場面 （友達同士の会話）	A：Today's dinner is curry and rice! B：What do you want? A：I want carrots. B：How many carrots do you want? A：I want three. B：Do you have beef? A：No, I don't. But I have chicken. B：I like beef curry. A：I like chicken curry. A, B：One, two, three. B：Yeah, chicken curry.

第1時　遊びにきた友達に、欲しい飲み物を聞く場面

　準備するもの　フラッシュカード（water, orange juice, green tea など）。

　　　　　　　　ペットボトル（本物らしくしてもよい）、スーパーの袋。

①単語練習　飲み物

②状況設定

B：（走ってきて、汗をかいたようなまねをする）

A：Welcome to my house!

　　How are you?

B：I'm hot and thirsty!（ジェスチャーをする）

A：Oh, what drink do you want?

　　（スーパーの袋にペットボトルが入っているのを見せる）

B：I want green tea.

A：Here you are.

B：Thank you!

---

③アクティビティ…実際のものを渡すようなジェスチャーをすると楽しくなる。

第2時　遊びにきた友達に、欲しい食べ物を聞く場面

準備するもの　フラッシュカード（食べ物）。

おにぎりのイラストやお菓子の箱、コンビニの唐揚げの箱など。

スーパーの袋。

①単語練習　食べ物

②状況設定　黒板に時計を書いて、12時にする。太陽も描く。

A：Welcome to my house!

　　How are you?

B：I'm hungry!

A：Oh, what do you want?

B：I want おにぎり.

A：How many（do you want）?

B：Three, please.（I want three.）

A：（3つ渡す）Here you are.

B：Thank you.（食べるまねをする）

第3時　母親が子どもに買い物を頼む場面

準備するもの　冷蔵庫のイラストを黒板に描く。

箱や画用紙などで、冷蔵庫をつくってもよい。

フラッシュカード（野菜）。

①単語練習　食べ物

②状況設定

A：Oh, no! Please go to ～.（身近なお店の名前など）

B：OK. What do you want?

A：I want carrots.

B：How many carrots do you want?

A：I want three carrots.

B：OK.

　ここまでで切ってもいいですし、欲しいものを付け足して、

A：Curry and rice?

B：That's right!

何をつくるのか当ててもいいでしょう。

③アクティビティ…食べ物の写真を切り取りラミネート加工して、品物をつくったり、おもちゃの紙幣やお金を用意したりしてお店ごっこにしても楽しいのですが、準備が大変になります。買いに行くまね、買ったものを重たそうに渡したりするまねをしても楽しいです。What do you want? ではなく What ~ do you want? というようにするとよいでしょう。

※教材の写真

食べ物や飲み物の画像切りを、できるだけその形に切り取ります。

ラミネート加工します。

少し余白を残して切ります。

手間がかかるので、協力して計画的に準備するとよいです。

第4時

準備するもの　冷蔵庫のイラストを黒板に描く。

　　　　　　　箱や画用紙などで、冷蔵庫をつくってもよい。

　　　　　　　フラッシュカード（野菜、豚肉、牛肉、鶏肉）。

　家庭での場面でもよいのですが、キャンプでカレーをつくるための具材を買いに行く会話をしている、というのでもよいです。

A, B：Let's go camping!

A：Let's make curry and rice!　　　B：What do you want?

A：I want carrots.　　　　　　　　B：How many carrots do you want?

A：I want three.　　　　　　　　　B：Do you want potatoes?

A：No, I don't.　　　　　　　　　　B：Do you like pork curry?

A：No. I like beef curry.　　　　　B：I like pork curry.

A, B：Rock, scissors, papers, 1,2,3!　A：Yes! Let's make beef curry.

この会話の形式通りでなくても構いません。

でも、使った表現をつないで、より実際に起こりえそうな状況をつくること、じゃんけんをして好きなカレーに決められる、というちょっとしたスパイスを入れることで、楽しく無理なく会話を続けられます。

③ 状況設定の工夫ー4年生「Let's play cards.」 好きな遊びを伝えよう

（年間35時間実施する場合、全5時間）

ダイアローグ　How's the weather? It's sunny. Let's play cards. OK. Where?
　　　　　　　When? What time?

文科省プランに出てくる語彙・表現
（2017年9月21日新教材説明会配付資料　資料3より）
天気（weather, sunny, rainy, cloudy, snowy）, hot, cold, 動作（stand, sit, stop, jump, turn, walk, run, look, put, touch）, up, down, on, around, right, left, let's, play, 身体の部位（hand, leg）, 遊び（tag, jump rope, bingo, game）, outside, inside, 衣類（Tshirt, shorts, sweater, pants, raincoat, rain boots, gloves, boot）
It's〔sunny/rainy/cloudy/snowy〕. Let's（play cards）. Yes, let's. Sorry.
Stand up. /Sit down. /Stop. /Walk. /Jump. /Run. /Turn around.

　Let's play 〜. OK!（Sure!）の授業は、2015年度、2016年度の3、4年生に実施したことがありました。ちょうどその頃、TOSS代表向山洋一氏が「子どもが遊びを決めるだとか、そういう交渉ができるといい。」とおっしゃったのを聞いたばかりでした。

　「何をして遊ぶか。」「いつ遊ぶか。」「どこで遊ぶか。」

は、子どもたちにとって、とてもリアルな状況です。休み時間に「どこで遊ぶ？」「何をする？」「じゃあ、教室ね。」「じゃあ、外に行こう。」などという会話をよく耳にしました。向山洋一氏の言葉から生まれた授業です。2016年8月4日に東京で行われたTOSSのセミナー、NSCセミナーにて模擬授業をしました。

　また、4年生という実態を踏まえ、When? What time? Where? と、疑問詞だけを使って会話をしました。

　Let's 〜. は、新カリキュラムでは4年のUnit2に登場しています。

　今回は天気が出てきますが、天気は見ればわかるので、あまり聞くことはありません。

　遠足や旅行など、楽しい出来事が待っている時に「来週の日曜日の天気はどうだろう。」と気になることがあります。遠方に出かける時、服装が気になり「そちらは寒い？　雪はよく降るの？」と聞くこともあります。

　しかし、天気がわかっているのに、「天気はどうですか。」と尋ねる場面はありません。このあたりは、直山調査官も講演会でおっしゃっていたことがありました。だから、Hi, friends！にはなかったのだと思います。知っていても損はない表現ですが、状況設定には工夫が必要です。

		状況設定	ダイアローグ
第1時		休み時間、カーテンを開けて、天気を見ながら、遊びを決める場面 （友達同士の会話）	A：How is the weather? B：It's sunny. A：Let's play soccer. B：Let's play dodgeball. （じゃんけん） A：Let's play soccer. B：OK!
第2時		放課後、場所を決めて遊ぶ約束をする場面 （友達同士の会話）	A：Let's play soccer. B：OK. A：Where? B：In the park. A：OK!
第3時		放課後や休みの日に場所と遊ぶ時刻を決める場面	A：Let's play soccer. B：OK! A：When? B：On Sunday. A：OK!
第4時		休みの日に、遊ぶ日と遊ぶ時刻を決める場面 （友達同士の会話）	A：Let's play soccer. B：OK! A：What time? B：At 10：00. A：OK!
第5時		友達と遊ぶ約束をして、遊ぶ場所、時刻、曜日を決める場面 （友達同士の会話）	A：Let's play tag! B：OK! A：When? B：On Sunday. A：What time? B：At 1：00. A：Where? B：In the park. A：OK!

第1時　休み時間にカーテンを開けて、天気を見ながら、遊びを決める場面

準備するもの　フラッシュカード（sunny, rainy, snowy, cloudy）

　　　　　　　カーテンになるような布があってもよい。

①単語練習　天気

②状況設定その1　できれば、カーテンの絵がついたフラッシュカードを用意する。

How is the weather?　It's sunny.

How is the weather?　It's cloudy.

How is the weather?　It's rainy.

そのまま、ダイアローグ練習へ。

答え方の練習⇒教師が聞いて児童が答える⇒聞き方の練習⇒児童が聞いて、教師が答える。

状況設定その2　教室のカーテンを開けて

A：How is the weather?

B：（カーテンを開けて）It's sunny!

A：Let's play soccer.（ジェスチャー付き）

B：Let's play dodgeball.（ジェスチャー付き）

（Rock, scissors, paper, one two three）じゃんけんをする

A：Let's play soccer.

B：OK!

（2人でサッカーをするまねをする）

その後、ダイアローグ練習。

③アクティビティその1　カーテンを開けるまねをして、まぶしそうにしたり、悲しそうに

　したりして、天気を答える活動。

④単語練習その2　動作 play soccer, play dodgeball, play shogi, play cards

⑤カードを使ってダイアローグ練習　Let's play soccer. OK.

⑥アクティビティその2

　サッカー、ドッジボールの2枚のカードを黒板に貼る。

　相手を探して、Hello! とあいさつ。

　その後、同時に誘いたい遊びを言う。

　A：Let's play soccer!

　B：Let's play dodgeball!

　違っていたら、No, sorry.

　同じだったら、ハイタッチ。

　カードを変えたり、3枚にしたりして、行う。

⑦アクティビティその3

　4枚の動作カードを黒板に貼る。

　相手が答えた天気によって、誘う遊びを変える。

　じゃんけんをする。じゃんけんで負けたほうが天気を聞く。

　A：How's the weather?

　B：（カーテンを開けるまねをしながら）It's rainy!

　　それぞれ、その天気の時にしたい遊びを考え、同時に言う。

　A：Let' play cards!

　B：Let's play cards!

　同じだったらハイタッチをする。

第2時～第5時

　ここでは、絵カードを使いました。次ページ以降にカードを掲載しますので、コピーしてお使いください。印刷しておき、カードを組み合わせて使います。コンテンツ化して組み合わせても楽でしょう。

　準備するもの　状況設定をするためのフラッシュカードまたはコンテンツ

　①単語練習　場所の名前　gym, park, school yard（校庭）

　②状況設定・ダイアローグ練習

　③ワークシートを使ってのアクティビティ

A：Let's play dodgeball.

B：OK!

B：Where?

A：In the park.

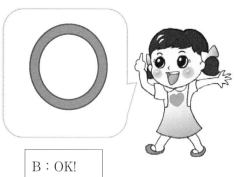

B : OK!

B : What time?

A : At 1:00.

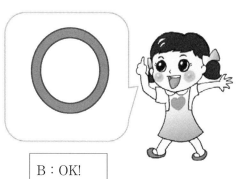

B : OK!

B：When?（What time?）

A：On Sunday.

B：OK!

A, B：Bye!

Sunday 日よう	Monday 月よう	Tuesday 火よう	Wednesday 水よう	Thursday 木よう	Friday 金よう	Saturday 土よう

1回目は上の段に遊びを書こう
2回目は下の段に遊びを書こう

10:00~	11:00~	12:00~	1:00~	2:00~	3:00~	4:00~

1回目は上の段に遊びを書こう
2回目は下の段に遊びを書こう

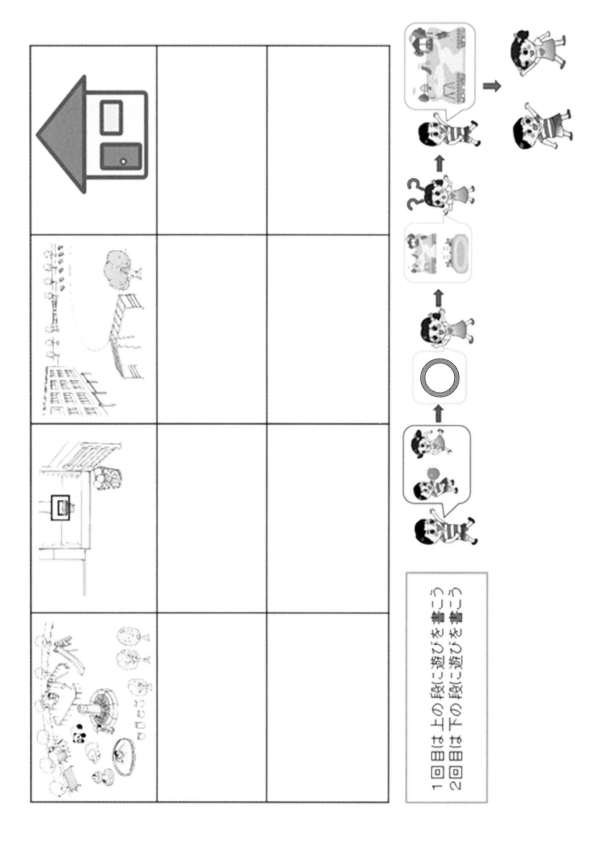

4th grade　遊ぶ約束をしよう　　　　名前（　　　　　　　）

	月よう Monday	火よう Tuesday	水よう Wednesday	木よう Thursday	金よう Friday
10:00～					
1:00～					
4:00～					

曜日の下の空欄には遊びを書かせます。

	土ようび Saturday		
	金ようび Thursday		
	木ようび Thursday		
	水ようび Wednesday		
	火ようび Tuesday		
	月ようび Monday		
	日ようび Sunday		

上段の空欄には遊びを書かせます。

遊び	曜日	時刻	場所
	金よう		
	木よう		
	水よう		
	火よう		
	月よう		

4 　状況設定の工夫－5年生「What do you have on Monday?」

（年間70時間実施する場合、全7時間）

文科省プランに出てくる語彙・表現

（2017年9月21日新教材説明会配付資料　資料3より）

Do you have（P. E.）on（Monday）?　Yes, I do. /No, I don't.

What do you have on（Monday）?　I study（math）.

I want to be（a teacher）.　　　I want to study（math）.

教　科（Japanese, English, math, social studies, home economics, calligraphy, moral education. P. E.）, cleaning time, recess,　職　業（police officer, soccer player, doctor, baseball player, florist）, study

---

Hi, friends！1 では、What do you study?「夢の時間割を作ろう」でした。

study は、何かを進んで研究する時に使うから、こういう時には使わない、というネイティブの声を聞いたことがありましたが、今回のカリキュラム案では「Do you have P. E. on Monday?」と、have が使われています。

この have の使い方にも注目しています。4年生では所有を表す have が出てきますが、この単元では「予定がある」という意味の have を扱っています。

have は便利で、よく使われる重要な動詞です。このような使い方が出てくることで、表現の幅が広がると思います。

he/she を扱う単元で、She has short hair. のようなものを、「has は三人称単数現在なの。」などと説明することなくさらりと取り入れてしまってもいいのではないかと思っています。そして、もっともっと色々な意味をもった have を、小学生のうちから扱っておくとよいのではないかと思っています。

「月曜日に何の教科があるの？」という表現はあまり使う機会がないことから、他の表現も入れました。

	状況設定	ダイアローグ	評価規準
第1時	遊ぶ約束をするために、予定を聞く設定	A：Let's go fishing! B：Nice! A：Do you have time on Saturday?	【知識技能】 ある曜日の予定を伝えることができる。（観察）

		B：Sorry. I have a piano lesson on Saturday. How about on Sunday? A：Good!	
第2時	教科書などを忘れて、隣のクラスの友達に借りに行く設定	A：Do you have math today? B：Yes, I do. A：Can I use your textbook? B：Yes, I do.	【知識技能】 授業があるかどうかを聞いたり答えたりすることができる。（観察）
第3時	授業参観の日に何の教科があるか、家族に聞かれる設定	A：What do you have on Monday? B：I have science, math, P. E. and music on Monday.	【知識技能】 何曜日に何の授業があるかを聞いたり答えたりすることができる。（観察）
第4時	先生に、家で毎日何を勉強しているか聞かれている設定	A：Do you study everyday? B：Yes, I do. A：What do you study? B：I study Japanese everyday. I want to study math everyday.	【知識技能】 毎日何をしているか、何の勉強をしているかを聞いたり答えたりすることができる。（観察）
第5時	自分のなりたい職業のために目標を決める設定	A：What do you want to be? B：I want to be a flight attendant. I study English every day.	【思考判断表現】 自分のなりたい職業を伝え合っている。（観察）
第6時	自分のなりたい職業のために、毎日何をするのか目標を決める設定	I want to be a flight attendant. I study Japanese, math and English every day. I study social studies on Monday and Wednesday. I run on Saturday and Sunday.	【思考判断表現】 自分のなりたい職業とそのためにすることを伝え合っている。（観察・インタビュー）
第7時	発表する	決めたことを発表する I want to be a ~. I want to study ~. I want to practice ~. I study（practice）~ hard every day.	【学びに向かう人間性】 知っている表現を使って、聞いている人が楽しめるように工夫しながら発表をしている。（発表）

ここでは、文科省カリキュラムにない表現を使った第1時について、詳しくご紹介していきます。

第1時　遊ぶ約束をするために、予定を聞いている場面

準備するもの　フラッシュカード fishing, shopping, skating
　　　　　　　　（季節に応じて、swimming, skiing などに変えてもよいです）
　　　　　　　　スケジュール帳（カレンダーを拡大したものでもよい）

①単語練習　曜日
②状況設定

A：Let's go swimming!

B：Nice!

A：Do you have time on Saturday?

B：（スケジュール帳を黒板に広げる）Sorry. I have a piano lesson on Saturday.
　　How about on Sunday?

A：Good!

---

③ダイアローグ練習その1

　　Do you have time on Monday? Yes, I do.

　　Do you have time on Sunday? No, I don't.

④アクティビティその1

　　スケジュール帳ワークシートを配る。

　　（4年「遊びにさそう」のワークシートが使えます）

　　3箇所にバツを付け、そこは予定があることとする。

クラスを半分に分け、誘う人（A）、誘われる人（B）を決める。

人数のバランスがよければ、男女でA、B役を決めてもよいし、バランスが悪ければ列でわけて、ワークシートの裏に、AまたはBを書かせてもよい。

A：Do you have time on Monday?　　B：Yes, I do.

A：Let's play soccer.　　　　　　　　　B：OK!（月曜にサッカー、と書く）

100

（A　遊びを３つ書く）

日よう Sunday	月よう Monday	火よう Tuesday	水よう Wednesday	木よう Thursday	金よう Friday	土よう Saturday
	サッカー		野球		将棋	

（B　予定がある日を３つ選びバツをつける）

日よう Sunday	月よう Monday	火よう Tuesday	水よう Wednesday	木よう Thursday	金よう Friday	土よう Saturday
×			×	×		

　Aは、誘えたら、遊びにマルを付ける。全部マルが付いたら、多く人数が必要な遊びは、もっと誘う。

　Bは、空いている日に予定が入るようにする。５分程度で交代する。

⑤ダイアローグ練習その２　　遊びに誘う表現を付け足す

　　A：Let's go shopping.　　　　　　B：Nice!
　　A：Do you have time on Monday?　　B：Sorry. I have 塾 on Monday.
　　　　　　　　　　　　　　　　　　B：Do you have time on Tuesday?
　　A：OK!

⑥アクティビティその２

　　ワークシートに３つ予定を入れて、友達と会話をする。

（例　Aのワークシート）

日よう Sunday	月よう Monday	火よう Tuesday	水よう Wednesday	木よう Thursday	金よう Friday	土よう Saturday
	ピアノ レッスン		習字		水泳教室	

Ⅱ　移行期スタートダッシュ！大作戦のヒント　　101

今度は、A役、B役と分けずに、予定を聞いていく。
（じゃんけんで勝った人が最初に聞く）

A：Do you have time on Monday?

B：Sorry. I have a piano lesson on Monday.

　　Do you have time on Tuesday?

A：Yes, I do.

B：Let's play soccer.

A：OK!

Sunday	Monday	Tuesday	Wednesday	Thursday	Friday	Saturday
	ピアノ レッスン	サッカー	習字		水泳教室	

　高学年のカリキュラム案で示されたダイアローグの中には、状況設定が難しいものもあります。

　ただその会話を教師が話すだけでは、その表現の意味が染み込まないように感じています。

　会話を聞かせて終わりにならないように、状況設定を工夫する必要があります。

第2時　教科書などを忘れて、隣のクラスの友達に借りに行く場面

　ランドセルから教科書を出して、Oh! No science textbook! と慌てて、隣のクラスの友達に借りに行くという設定をすると楽しくなります。

　コンテンツを使ってもよいでしょう。

A：Oh! No science textbook!（隣のクラスに行くふりをする）

　　（黒板などに5年2組、と書いた時間割を貼っておく）

A：Do you have science today?

B：（時間割を指差して）No, I don't.

　　（5年3組、と書いておいた場所に行く）

A：Do you have science today?

C：Yes, I do.

A：Do you have a science textbook?

C：Yes, I do. Here you are.

アクティビティ

①クラスを A、B に分ける。

②A 役に時間割の表を配る。B 役、借りたい教科書を決める。

③A は、時間割の空いているところに好きな教科を書く。

B：Do you have social studies today?
A1：No, I don't.

B：Do you have social studies today?
A2：Yes, I do.
B：Here you are.
A：Thank you.
（役割交代をする）

A

| 国語 |
| 算数 |
| 図工 |
| 体育 |

第3時　授業参観の日に何の教科があるか、家族に聞かれている場面

状況設定の時に、「授業参観のお知らせ」と書いた紙を用意してもよいでしょう。

アクティビティは、親子役に分かれます。
子どもは予定を見ながら答えます。

親役：What do you have on Monday?
子役：I have Japanese, math, and P. E..
親役：OK. I want to see Japanese lesson.

子役

月	火	水
国語	理科	国語
算数	体育	家庭科
図工	社会	音楽

第4時　先生に、家で毎日何を勉強しているか聞かれている場面

勉強をしているかどうかを聞くことは、友達同士ではあまりなく、なかなか状況設定が難しいです。

子どもたちがよく知っているアニメのキャラクターが、テストで悪い点をとって、先生やお母さんに叱られながら話しているような場面も考えられます。

アクティビティは、毎日何の勉強をしているのか書かせて、聞き合うのでもよいでしょう。

第5時　自分のなりたい職業のために目標を決めている場面

職業の単語や、何になりたいのかを聞くのがメインになります。

実際に 6 年生に行った状況設定をご紹介します。子どもたちにも担任の先生方にも好評でした。

Ⅱ　移行期スタートダッシュ！大作戦のヒント　　103

What do you want to be? の状況設定

本田圭佑選手の小さい頃の写真を見せる。（本田圭佑選手とは言わない）

T1：What do you want to be?

T2：I want to be a soccer player.
　　　 I play soccer everyday.

本田選手の子どもの頃の作文を見せる。

T1：Who is he?（写真を見せる）

Ss：He is Honda Keisuke.

同様に、イチロー選手も見せる。

アクティビティ…自分のなりたい職業を伝え合う。

第6時　自分のなりたい職業のために、毎日何をするのか目標を決めている場面

　本田選手やイチロー選手が子どもの頃から努力をしていたことを確認し、夢は何か、そのために何をすればいいのか、を考えることにします。次回は発表することを言っておきましょう。

第7時　発表

　グループでの発表でもいいですし、みんなの前で言わせてもよいです。

　発表を聞いている子どもたちには、質問をさせます。必ず１度は質問をするようにします。太字の部分が言えてB、１つでも付け足せたらAとします。

発表例

I want to be a soccer player.

I play soccer everyday.

I study everyday. I study English on Saturday.

This is my soccer ball. I have two soccer balls.

I want new soccer shoes.

Thank you.

児童B：What team do you like?

など、内容に関する質問ができるとよいです。

5 状況設定の工夫－6年生「Unit4 I like my town.」自分たちの町・地域

（年間70時間実施する場合、全8時間）

文科省プランに出てくる語彙・表現
（2017年9月21日新教材説明会配付資料　資料3より）
We have/don't have（a park）．　We can（see many flowers）．
We can enjoy［fishing/shopping/swimming］．　I want a［library/park］．
（Sakura）is a nice town.
we, town, 施設と建物（amusement park, aquarium, swimming pool, stadium,
roller coaster, Ferris wheel），but, so, nature, 動作（dancing, jogging, playing, reading,
shopping, singing, walking）

2013年12月13日、文部科学省から「グローバル化に対応した英語教育改革実施計画」が出されました。一部引用します。

初等中等教育段階からグローバル化に対応した教育環境づくりを進めるため、小学校における英語教育の拡充強化、中・高等学校における英語教育の高度化など、小・中・高等学校を通じた英語教育全体の抜本的充実を図る。

2020年（平成32年）の東京オリンピック・パラリンピックを見据え、新たな英語教育が本格展開できるように、本計画に基づき体制整備等を含め2014年度から逐次改革を推進する。

1. グローバル化に対応した新たな英語教育の在り方
（略）
※小・中・高を通じて一貫した学習到達目標を設定することにより、英語によるコミュニケーション能力を確実に養う
※日本人としてのアイデンティティに関する教育の充実（伝統文化・歴史の重視等）

この、「日本人としてのアイデンティティに関する教育の充実」にも関わる単元となっています。この「グローバル化に対応した英語教育改革実施計画」を踏まえ、TOSS英会話のセミナーでも、多くの「伝統文化」に関する授業が提案されてきました。特に、井戸砂織氏は、「子ども観光大使」育成の一環として、英語で地域を紹介する授業の数々を作り出してきました。第1時で、自分が住む地区の自慢をし合うことで、どんなものがあるのか、無理なくよさを見つけさせます。自分が住む地区から市町村単位へ、そして、もっと広い地域へと広げていくことができるでしょう。

Ⅱ　移行期スタートダッシュ！大作戦のヒント　　105

	状況設定	ダイアローグ	評価規準
第1時	自分の住んでいる地域を自慢し合うという場面	We have a nice park in 〜町. Do you have a nice in 〜町？	【知識技能】 自分の地域にあるものを紹介することができる。（観察）
第2時	自分の地域に住む外国の人によいところを紹介する場面	A：Please come to my town. B：What do you have in your town? A：We have a nice temple and a big park. B：Oh, nice!	【思考表現判断】 自分の街にあるものを伝え合っている。 （観察）
第3時	自分が住んでいる都道府県の中の、ある地域のよいところを伝え合うという場面	A：What do you have in Gunma? B：We have Tomioka silk mill in Gunma.	【知識技能】 自分が住む都道府県にあるものを紹介することができる。（観察）
第4時	自分の地域に住む外国の人に、自分が住んでいる都道府県のよいところを紹介する場面	A：Please come to Gunma prefecture. B：What do you have in Gunma prefecture? A：We have Tomioka silk mill in Gunma. You can enjoy silk crafts.	【思考判断表現】 自分の住む都道府県にあるものを伝え合っている。 （観察）
第5時	ある都道府県のことを調べ、そのよいところを伝え合う場面	A：What do you have in Japan? We have Mt. Fuji in Shizuoka. B：You can ride a roller caster near Mt. Fuji.	【知識技能】 日本にあるおすすめの場所を紹介することができる。 （観察）
第6時	自分の地域に住む外国の人に、日本のよいところを紹介する場面	A：Welcome to Japan! B：What do you have in Japan? A：We have Mt. Fuji. 　　It's beautiful.	【思考判断表現】 日本にあるおすすめの場所を伝え合っている。 （観察・インタビュー）
第7時	海外の人を案内する場面。相手の要望に応じて紹介する。	A：Welcome to Gunma. 　　What do you want to do? B：I want to go shopping. A：OK. We have some shopping mall in Gunma. For example, Keyaki walk and	【思考判断表現】 テーマごとにおすすめの場所を紹介し合っている。 （発表）

			Smark Isesaki.	
第8時	地域に住む外国の人と交流する場面　買い物　食べ物　遊び　など、相手の要望に応じて紹介する。	A：Welcome to ~.　What do you want to do?　B：I want to go shopping　美味しいものを食べたい、買い物をしたい、美しい景色を見たい、温泉に入りたい、など、相手の希望に応じて紹介する。		【学びに向かう人間性】相手の希望に応じて、おすすめの場所を紹介している。

　第8時に地域に住む外国人としましたが、もしいなければ、近隣の学校のALTを招いたり、あるいは、校長先生、教頭先生にご協力いただき、外国人の役をしていただくのでもよいでしょう。

　3、4年生で「相手意識」とあり、5、6年で「他者意識」となっています。3、4年生では教室内の友達、学校にいる人が中心になりますが、5、6年生ではもっと幅広い相手を想定して「他者意識」としているようです。

　地域に協力してくれるような外国の人がいる場合は、年間行事予定が出来次第、年間指導計画等で位置づけて、早めにお願いするようにします。

第1時　自分の住んでいる地域を自慢し合うという場面

　「わたしの住んでいる町にはこれがあるよ。」「ぼくの住む町にはこれがあるよ。」とよさを伝え合う状況設定です。子どもたちがよく行く公園、お店などを単語として選ぶとよいでしょう。

　A：What do you have in Zaimokucho?

　B：We have Tenkeiji temple in Zaimokucho. It's old and nice.

　　　What do you have in Kamiharamachi? Do you have a nice temple?

　A：No. But we have a beautiful park. We can see beautiful flowers.

　B：Oh, it's nice.

アクティビティ…できるだけ多くのいいところを伝えられるよう、地区ごとにチームをつくり、協力してもいいです。

第7時　外国の人によいところを紹介する場面

　相手の要望に合わせていいところを紹介するため、「臨機応変に対応する力」も問われます。

　①住んでいる都道府県のよいところ紹介

　A：Welcome to Gunma. What do you want to do?

　B：I want to go to a beautiful place.

　A：OK. We have Oze in Gunma. You can hike there. You can see beautiful flowers, mizubasho. You can see beautiful mountains.

B：Nice! Thank you.

②日本のよいところ紹介

A：Welcome to Gunma. What do you want to do?

B：I want to go shopping. I like anime.

A：You can buy anime goods in Akihabara, Tokyo.

　　You can enjoy shopping.

B：Nice! Thank you!

③市町村など身近な地域のいいところも紹介する。

担当を決め、紹介するものを決め、次時に備える。

6　1授業に1つから！　クラスルーム・イングリッシュを使おう

（1）指示は短くわかりやすく

　クラスルーム・イングリッシュの一覧がガイドブックに記載されていますが、指示英語は長すぎてはいけません。端的な方がわかりやすいです。

　中学校で英語を教えていた先生や ALT が小学校の授業で陥りがちなのが、長々と英文で説明しすぎてしまうことです。

OK, let's start the English lesson.　Look at the cards and repeat after me.

Everyone, are you ready? Please repeat after me with big voice.

　子どもたちはぽかーんとしています。日本語での指示も同じですが、指示は短くします。そして、TOSS 代表、向山洋一氏の言う「一時に一事」は、英語の授業においても大切です。

　この場合、Repeat！だけでいいでしょう。なるべく短い文で、1つ1つ区切って伝えます。

（2）ほめ言葉は心を込めて

　英語が苦手な場合は、ほめ言葉を英語にすることから始めます。

Very good!

　これだけですが、言い方を変えると、受け止め方が変わります。

　子どもを心の底からすごい、と思い Very good! と、相手の目を見て笑顔で言うのと、目線を合わさず Very good. と言うのとでは大分違います。

　本当にほめられた、と相手が感じるように、Very good. を言う練習をしましょう。また、ほめる時にはタイミングも大切です。子どもたちが「なんでほめられたのか」がわかるように、タイミングよくほめます。

（3）1つずつ、使うクラスルーム・イングリッシュを増やしていく

　最初からたくさん使おうとはせずに、「今日はこの英語を使ってみよう。」と、1つ1つ増やしていきます。無理なく、自分のペースで増やすとよいです。

（4）ALT が英語で出した指示をまねする

　ALT が Please take out your pencil. と言ったら鉛筆を見せながら、One pencil, please. と言います。

　Please put your pencils in your pencil case. と言ったら、

　Your pencil, in your pencil case. と鉛筆を筆箱にしまう様子を見せながら、区切って言います。慣れてきたら、ALT の話す英語をまねして言えるようになるでしょう。

　最初のうちは、ALT が話した英語の一部を繰り返すので十分です。

（5）「実際にやってみせながら」「短く」指示をする

　ALT の英語を訳すのが担任の仕事ではありません。まねをして、言ってみせるのがよいのです。慣れてくると、子どもたちは、パパッと行動するようになります。

　担任の先生方に、クラスルーム・イングリッシュ一覧を作成し、お配りしたことがありました。「今日はこれだけは言うぞ。」とそこにマーカーで線を引いて、1つ1つ覚え、教室で使っている先生がいました。

　そのような感じで、1つ1つ覚えていくとよいでしょう。イラスト付きクラスルーム・イングリッシュを作成しました。ご活用ください。

イラストでわかる
クラスルーム・イングリッシュ
〜こんなときこう言おう〜

文　小林　智子

絵　関口　眞純

1 基本動作

Please stand up.

立ちなさい。

Please sit down.

座りなさい。

Boys, please stand up.

男の子、立ちなさい。

Girls, please stand up.

女の子、立ちなさい。

Raise your hand.

手を挙げなさい。

2 注意を引くとき

Listen.

聞きなさい。

Look.

見なさい。

Stop writing.

書くのをやめなさい。

Look at the blackboard.

黒板を見なさい。

Clear your desk.

机の上を片付けなさい。

3 カルタをするとき

Make pairs.

2人組になりなさい。

Face each other.

向かい合いなさい。

Make groups of three.

3人組になりなさい。

Face up.

カードを表にしなさい。

Spread out the cards.

カードを広げなさい。

4 アクティビティをするとき

Talk with 5 people.

5人と話しなさい。

Pass up the cards, please.

カードを前に送ってください。

Go back to your seat.

席に戻りなさい。

Give Taro a big hand.

太郎くんに拍手しましょう。

5 あいさつ

How are you? I'm fine!
気分はどう？　元気です。

How's the weather?   It's sunny. 晴れです。
お天気はどうですか。　It's cloudy. くもりです。
　　　　　　　　　　It's rainy. 雨です。

What day is it today?
今日は何曜日ですか。

What's the date today?
今日は何月何日ですか。

6 テキストを使うとき

Take out your book.

本を出しなさい。

Open your book.

本を開きなさい。

Put your book in your desk.

本を机にしまいなさい。

Circle the picture.

絵を丸で囲みなさい。

Close your textbook.

教科書を閉じなさい。

7 ワークシートに書かせる

Write your name, please.
名前を書きなさい。

Take out one pencil, please.
鉛筆を1本出しなさい。

Put your pencil
in your pencil case.
鉛筆を筆箱にしまいなさい。

Trace the words, please.
文字をなぞりなさい。

Copy the words, please.
文字を書き写しなさい。

Ⅱ　移行期スタートダッシュ！大作戦のヒント

8 子どもから教師へ

I have one extra.

1枚余分にあります。

Two more please.

あと2枚ください。

I am finished.

終わりました。

9 子ども同士の会話

Here you are. Thank you.

どうぞ。　　　　ありがとう。

One more time, please.　　　　Can you help me?

もう一度お願いします。　　　　手伝ってもらえますか。

It's my turn.　　　　It's your turn.
私の番です。

One moment, please.　　　　あなたの番です。
少し待ってください。

10 ほめことば

Very good!

とてもいいです！

Perfect!

かんぺき！

You did it!

やったね！

Great!

すばらしい！

Nice try! (よくやったね)
※失敗したけど、がんばったと
きに使えます。

Excellent!

すばらしい！

Ⅲ 文科省カリキュラムを基盤にする移行期の年間指導計画・単元計画

> 年間指導計画案・略案（一部）は、文科省からも出されています。単元計画に関しては、区や市町村などで作成された計画などがあるかもしれませんし、一から作る必要があるかもしれません。
>
> 「新学習指導要領に即しているか。」「自分の学校の校長先生の経営方針に合っているか。」「自校の校内研修のテーマに合っているか。」「自分の学級の実態に合っているか。」という観点から、見直したり、作成したりする必要があります。その際、当然のことですが、文科省から示された指導内容は外さないようにします。

1　年間指導計画を見直そう
－3年の What's this? をこう組み立て直すと

　文部科学省の年間指導計画の例を見て、もっと工夫ができそうだ、と思ったことがあります。

　例えば、3年生では What's this? という単元が5時間で計画されています。

　1度に5時間続けて学習することもよいのですが、私ならば、スパイラルに学習できるよう、つまり、What's this ? に触れるのを1ヶ月にするのではなく、その後も定期的に触れながら、慣れ親しんでほしいと考えます。慣れ親しませるのは最低限の目標であると考えているため、話せるようになればそれにこしたことはないでしょう。

　変更例をいくつか示します。

①What's this? を他の単元にも登場させる。

②5時間を2回にわけて行う（3時間授業し、忘れた頃に2時間行う）。

③What's this? だけでなく、What's that? も扱う。

④What's this? だけでなく、What are these? も扱う。

⑤What's this? It's koma. と日本の伝統文化を取り入れる。

⑥What's this? It's a koma. Let's play koma. と遊び体験をする。

　この単元では、単語がたくさん出てきます。単語だけで指導するよりも、「明確な場面の中で」「表現とともに」単語を自然と何回も使ったほうが、身につくのではないかと考えます。単語に関するゲームだけで1時間を終わらせてはもったいないです。単語を身につけることが目的ではありません。相手意識や他者意識をもって、コミュニケーションをする、ということを、毎時間意識していくとよいと考えます。そのためには、単語に関するチャンツやゲームで終わらせることなく、その単語と、表現を使って、友達とコミュニケーションをする活動を毎回入れていくとよいでしょう。

　そのため、私が授業をするならば、コミュニケーション活動が楽しくなるような表現を取り入れ、年間計画を変えていきますし、実際にそのようにしてきました。

　大切なのは、

> 　最低限押さえるべき内容は、必ず指導する
> 　子どもの様子を見ながら、無理なく楽しめるように表現を付け足す

ということです。

　また、最後のアクティビティの場面を工夫することもできます。
・「パフェ作り」という状況設定を「カレー作り」という状況設定にする。
・「おすすめの文房具セット」ではなく、「遠足にもっていく、おすすめのおやつセット」という状況設定にする。

など、子どもが、よりわくわくするような、あるいはクラスの子の実態により即した状況に、工夫することもできるでしょう。

　6年生のUnit5は夏休みに関連するものですから、実施時数に応じては、単元の入れ替えも考えられます。

　このように、授業を実施しながら、年間指導計画に朱書き、修正をしていき、次年度に引き継ぐことも大切です。

1 移行期の年間指導計画・3年生

文科省から15時間対応のプランが出されましたが、ここではそれに代わり、Let's Try! 1の学習内容を網羅したプランを紹介します。

3年生【15時間】

Unit	授業時間	扱う表現や語彙
1	2時間	Hello. I'm 名前. How are you? I'm 〜.
2	2時間	What's this? It's a 〜.（動物、果物）
3	4時間	Do you like sports? Yes, I do. What sport do you like? I like tennis. Do you like fruits? Yes, I do. What fruits do you like? I like bananas.（Japanese food などに変えてもよい）
4	2時間	How many?（1〜20）
5	2時間	アルファベット 2時間 A, please.（アルファベット大文字）
6	2時間	How are you? I'm hungry. What food do you want? I want 〜. （食べ物や飲み物）
7	1時間	（絵本）Are you a 〜 ? Who are you? I'm 〜.

3年生【25時間】

Unit	授業時間	扱う表現や語彙
1	3時間	Hello. What's your name? I'm　名前. Nice to meet you. Where are you from? I'm from 〜. How are you? I'm 〜.（happy, cold, hot）
2	2時間	How are you? I'm hungry. A hamburger, please.
3	3時間	What's this? It's a 〜.（動物、果物） What are these? They are dogs.
4	4時間	What color（food/animals）do you like? I like pink.（sushi/dogs） Do you like sports? Yes, I do. What sport do you like? I like tennis.
5	4時間	What's your phone number? It's 〜. How many? Ten.（1〜20）　What time? It's 12.
6	3時間	アルファベット A, please.（アルファベット大文字）
7	2時間	Are you hungry? Yes, I am. What food do you want? I want a hamburger.
8	2時間	Who are you? I'm 〜.（動物、形）
9	2時間	What do you like about Japan?（住んでいる県や地域）

Ⅲ　文科省カリキュラムを基盤にする移行期の年間指導計画・単元計画　123

② 移行期の年間指導計画・4年生

4年生【15時間】

Unit	授業時間	扱う表現や語彙
1	3時間	Hello. I'm 名前. Nice to meet you. How are you? I like pink. What color do you like? I like red. What sport do you like? I like ～. (色、スポーツ、気分)
2	2時間	アルファベット探し（アルファベット大文字・小文字）
3	2時間	How are you? I'm hungry. What (food) do you want? I want sandwiches. How many? 2, please. (数1～10、気分、食べ物)
4	2時間	What's this? It's a dog. Do you have a dog? Yes, I do. (文房具、動物)
5	2時間	What time is it? (1～12、20、30) It's homework time. (数)
6	2時間	Let's play the piano. OK! (動詞、場所、道案内) Where is the music room? Turn right.
7	2時間	(絵本)　Good morning (動詞)

4年生【25時間】

Unit	授業時間	扱う表現や語彙
1	3時間	Hello. I'm 名前. Nice to meet you. How are you? I like pink. What color do you like? I like red. What sport do you like? I like ～. (気分、色、スポーツ)
2	3時間	Let's play～. Let's play soccer on Sunday. OK!　(遊び、曜日)
3	2時間	アルファベット探し、Do you have A? Yes, I do? (アルファベット大文字・小文字)
4	3時間	How are you? I'm hungry. What (food) do you want? I want candies. How many? 5, please. (数1～10、気分、食べ物)
5	3時間	What's this? It's a dog. Do you have a dog? Yes, I do. Do you want a dog? Yes, I do. (文房具、動物)
6	2時間	What time is it? (1～12、20、30) It's homework time.
7	4時間	Where is the music room? Turn right. (場所、道案内)
8	2時間	(絵本)　Good morning、(曜日) I play soccer on Monday. (動詞・曜日)
9	3時間	What do you like about Japan? I like～. (住んでいる県や地域) What's Japan famous for? It's famous for sushi.

124

2 単元計画の作成・見直し
－移行期間中のポイントはここ

　すでに、区や市町村単位で作成されているものがあるかもしれませんし、作成しなくてはならない場合もあるかと思います。
　作成した年間指導計画、あるいは、今あるものをもとに、次のような項目を必ず入れるようにしています。

---

①単元の目標（文部科学省のプランから転載）
②どの観点をどの時間で見取るのか。
③使用する教材・教具（教師と子ども）
④使用テキストとページ
⑤既出表現と語彙（既習表現と既習語彙）
⑥新出表現

　ALTとのT.Tでしたら、英語版もあるとよいでしょう。

　上述した6つの項目の中の【③使用する教材】については、「どの単語のカードが必要か」も明記します。これで、カードの準備に見通しをもつことができます。長期休暇を利用して、教材を整理することにも役立ちます。

　⑤と⑥ですが、扱う表現の中でも、「既出（既習）」なのか、「新出」なのかを明確にすることはとても大切です。これにより、一授業の計画や扱う活動が変わってきます。これは、年間指導計画にも明記しておくとよいです。
　文部科学省から出されたカリキュラムにも記載されていますが、移行期間中は、これまでの各校の取り組みから洗い出すとよいでしょう。
　単元計画をいくつかご紹介します（移行期間中向け）。
※目標は文部科学省資料参考（平成29年9月21日新教材説明会配布資料参考またはWe can! 1,
　2指導編）
※目標・観点は、3〜6年ともに外国語活動のままになっていますが、5、6年生は新観点でのものも掲載しました。
※新出事項、既出事項は各校により異なりますので、ご確認ください。

Ⅲ　文科省カリキュラムを基盤にする移行期の年間指導計画・単元計画　　125

1　3年生単元計画　第4単元（新学習指導要領の観点）　　　3学年（第7時〜第10時）

単元名	4．I like blue. すきなものをつたえよう Let's Try! 1 使用	目標	【知技】多様な考え方があることや、音声やリズムについて外来語を通して日本語と英語の違いに気付く。 【思判表】色やスポーツの言い方や、好きかどうかや何が好きかを尋ねたり答えたりする表現に慣れ親しむ。 【学】進んで、好みを尋ねたり答えたりして伝え合おうとする。	Let's Try!1 p.14〜 p.17

言語材料	扱う表現　　I like blue.　I don't like green. Do you like blue? Yes, I do. / No, I don't. I don't like blue. 扱う単語　色(red, blue, green, yellow, pink, black, white, orange, purple, brown) スポーツ(soccer, baseball, basketball, dodgeball, swimming)　飲食物(ice cream, pudding, milk, orange juice)　果物・野菜(onion, green pepper, cucumber, carrot)

評価規準	【知技】多様な考え方があることや、音声やリズムについて外来語を通して日本語と英語の違いに気付いている。 【思判表】色やスポーツの言い方や、好きかどうかや何が好きかを尋ねたり答えたりする表現に慣れ親しんでいる。 【学】進んで、好みを尋ねたり答えたりして伝え合おうとしている。

準備	児童：筆記用具、Let's try テキスト 教師：Let's try テキスト電子版、電子黒板（あらかじめ動作確認をしておく） フラッシュカード　色(red, blue, green, yellow, pink, black, white, orange, purple, brown) スポーツ(soccer, baseball, basketball, dodgeball, swimming) 飲食物(ice cream, pudding, milk, orange juice) 果物・野菜(onion, green pepper, cucumber, carrot)

	主な活動	評価の観点 知	評価の観点 思	評価の観点 学	評価規準【方法】
1	好きな色を言ったり聞いたりする。 1　色の復習（単語練習） 2　状況設定（教師の会話を聞いて推測） 　T1：（本当に好きそうに）I like blue. 　T2：Oh, I like pink. 3　表現の口頭練習 4　活動　好きな色を伝え合う。 5　Activity 1 (p.14)好きな色を言いながら、にじを完成させる。 6　まとめ　にじを見せながら好きな色を伝え合う。または、Let's watch and Thinkに取り組む。　(p.14)	○			好きな色を言う言い方に慣れ親しみ、友達とやりとりをする。 【観察、振り返りカード】
2	好きな食べ物、好きではない食べ物を伝え合う。 1　色の復習（単語練習） 2　復習　好きな色を伝え合う。 3　状況設定（教師の会話を聞いて推測） 　I like sushi. I don't like umeboshi. 4　表現の口頭練習 5　活動　好きな食べ物・好きではない食べ物を伝え合う。 6　まとめ　好きなもの、好きではないものを伝え合う。 7　テキスト　Let's Listen① (p.16)	○			好きな食べ物、好きではない食べ物を伝え合っている。 【観察、振り返りカード】
3	好きかどうかを聞き合う。 1　復習　好きな食べ物、好きではない食べ物を伝え合う。 2　スポーツや遊びの単語練習 3　状況設定（状況を明確にした教師の会話を聞いて推測する）Do you like soccer? Yes, I do. / No, I don't. 4　ダイアローグの口頭練習 5　活動　Yes集め 6　活動　飲食物の単語を付け足す。知っている単語を使って、できるだけ長く会話をする。I like steak. Do you like steak? 7　まとめ　Let's Listen② (p.16)		○		好きかどうかを聞いたり答えたり、好きなものを伝え合ったりしている。 【観察、振り返りカード】
4	相手に伝わりやすいように、名前や好きなものを伝えて自己紹介をする。 1　復習　I like~. I don't like~.　色やスポーツの復習 2　単語練習　野菜、果物 3　状況設定（教師の会話を聞いて推測）好きかどうかを聞き合う　Do you like~? Yes, I do. / No, I don't. 4　表現の口頭練習 5　Let's play Activity②好きなものを言って自己紹介 6　名前や好きなものについて、相手に伝わるように自己紹介をする。　I'm Sachiko. I'm 9. I like 百人一首.			○	相手に伝わるように工夫しながら、自分の好みを紹介している。 【観察、振り返りカード】

126

② 4年生単元計画　第7単元（新学習指導要領の観点）　　　4学年（第14時～第17時）

単元名	7. Do you have a pen? おすすめの文房具セットをつくろう Let's Try! 2 使用	目標	【知】文房具などの学校で使う物や、持ち物を尋ねたり答えたりする表現に慣れ親しむ。 【思】文房具など学校で使う物について、尋ねたり答えたりして伝え合う。 【学】相手に配慮しながら、文房具など学校で使う物について伝え合おうとする。	Let's Try!2 p.18～ p.21

言語材料	扱う表現　Do you have a pen? Yes, I do. No, I don't. I have a pen. I don't have a pen. ※加えた表現　How many pencils do you have? I have ~.
	扱う単語　身の回りの物 (glue stick, scissors, pen, stapler, magnet, marker, pencil sharpener, pencil case, desk, chair, clock, calendar)

評価規準	【知】文房具などの学校で使う物や、持ち物を尋ねたり答えたりする表現に慣れ親しみ、やりとりをしている。 【思】文房具など学校で使う物について、尋ねたり答えたりして伝え合っている。 【学】相手に配慮しながら、文房具など学校で使う物について伝え合おうとしている。

準備	児童：筆記用具、Let's Try!2 テキスト 教師：Let's Try!2 テキスト電子版、電子黒板（あらかじめ動作確認をしておく） フラッシュカード身の回りの物 (glue stick, scissors, pen, stapler, magnet, marker, pencil sharpener, pencil case, desk, chair, clock, calendar)

		評価			
	ねらい	評価の観点			評価規準 【方法】
		知	思	学	
1	身の回りのものの言い方や持っているときの言い方を知ろう 1　復習 2　単語練習　pen, pencil case, desk, chair 3　状況設定（教師の会話を聞いて推測） 　What do you have (in your pencil case)? I have ~. 4　表現の口頭練習 5　アクティビティ　持っている物を伝え合う。 　A：What do you have? I have ～.（カード交換など） 6　まとめ　Let's chant (p.19) Do you have a pen?	○			文房具などの学校で使う物や、持ち物を尋ねたり答えたりする表現に慣れ親しみ、やりとりをしている。 【観察、振り返りカード】
2	持ち物を尋ねたり答えたりしよう 1　復習　持っているものを伝え合おう。 2　単語練習 3　状況設定（教師の会話を聞いて推測） 4　表現の口頭練習　Do you have ~? Yes, I do. / No, I don't. 5　アクティビティ　Yes集めや持ち物ビンゴ 6　アクティビティ2　知っている表現で会話をつなげる。 7　まとめ　Let's Listen (p.20)　Let's Watch and Think(p.20) 　（※時間があったら。）	○			持っているかどうかを聞く表現に慣れ親しみ、質問をしたり答えたりしている。 【観察、振り返りカード】
3	いくつ持っているか、聞いたり答えたりしよう 1　復習 2　単語練習 3　状況設定 4　表現の口頭練習 5　アクティビティ（Let's Try!1 のp.13も使用可能） 6　アクティビティ2　単語練習をしてから兄弟・姉妹・ペットなどについて聞き合う。 7　まとめ　習った表現を使って会話を続ける。		○		いくつ持っているかを聞いたり答えたりしている。 【観察、振り返りカード】
4	文房具セットを作って、友達に贈ろう 1　復習　持っているかどうか聞き合う。 2　単語練習　数字 3　状況設定（教師の会話を聞いて推測）How many クイズなど 4　表現の口頭練習 5　アクティビティ 　いくつ持っているか筆箱の中身を見せながら聞き合う。 　How many pens do you have? I have three. 6　アクティビティ2　（応用） 　文房具セットを作って、友達に贈ろう。 　A：Do you have pens?　B：Yes, I do. 　A：How many pens do you have?　B：I have two pens. 　A：Do you want a red pen?　B：Yes, I do. A red pen, please. 　A：Here you are.　B：Thank you.			○	相手の答えに応じて、必要なものを渡そうとしている。 【観察、振り返りカード】

Ⅲ　文科省カリキュラムを基盤にする移行期の年間指導計画・単元計画　　127

③ 5年生単元計画　新カリキュラム　第9単元（全8時間）　　5学年（第63時～第70時）

単元名	9 Who is your hero? あこがれの人 ※We Can! 1 使用	目標	・得意なことについて、聞いたり言ったりすることができる。また、簡単な語句や表現を書き写すことができる。（知識及び技能） ・あこがれたり尊敬したりする人について、自分の考えや気持ちを含めて伝え合う。（思考力、判断力、表現力等） ・他者に配慮しながら、自分があこがれたり尊敬したりする人について、自分の意見を含めて紹介し合おうとする。（学びに向かう力、人間性等）	We Can!1 p.66～p.73

言語材料	表現　Who is your hero? This is my hero. [He / She] is good at (playing tennis). [He / She] is a good (tennis player). [He / She] can (cook well). [He / She] is [kind / cool / great / strong / active / brave / funny, cheerful, sporty].
	単語　kind, cool, great, strong, active, brave, cheerful、動詞状態・気持ち, 動作, スポーツ, 日課, 職業, 家族

評価規準	【知】自分や第三者について、できることやできないことを聞いたり言ったりすることができる。 　　　また、文字には音があることに気付いている。 【思】自分や第三者について、できることやできないことを、考えや気持ちも含めて伝え合っている。 【学】他者に配慮しながら、自分や第三者についてできることやできないことなどを紹介し合おうとする。

準備	児童：筆記用具、We Can! 1 テキスト 教師：We Can! 1 テキスト電子版、電子黒板（あらかじめ動作確認をしておく）、**フラッシュカード**　動詞、形容詞

	主な活動 ※文字指導を帯で行う	知	思	学	評価規準 【方法】
1	**友達（第三者）ができること、できないことを伝え合う** 1　復習 I can ~. I can't ~. できること、できないことを伝え合う。 2　復習 he, she　he/ she クイズ 3　状況設定・ダイアローグ練習　He/ She can ~. He/ She can't ~. 4　アクティビティ　友達のできることを伝え合う。 5　単語練習　形容詞　kind, nice, cheerful, funny, cool など。 6　表現の口頭練習　He is nice. She is funny. 7　アクティビティキャラクターなどを見て、形容詞を言う。 　例　桃太郎　He is brave. 8　友達のできること、よいところを伝え合う。	○			自分や第三者について、得意なことや得意でないことを聞いたり言ったりすることができる。また、文字には音があることに気付いている。【観察】
2	**自分が得意なことを言ったり聞いたりする** 1　単語練習　動名詞 2　ウォームアップ　どっちが好き？ 　I like playing soccer. I like watching soccer.（動名詞をlikeで導入する） 3　状況設定・ダイアローグ練習 I am good at ~ing. 得意なことを伝える。 4　得意なことを伝え合う。 5　得意でないときの言い方を知る。I'm not good at ~ing. 6　得意なこと、得意でないことを言ったり聞いたりする。 7　We Can! 1 p.68 の Let's Listen 1 に取り組む。	○			相手にできるかどうか尋ねたり、答えたりすることができる。【観察】
3	**相手が得意かどうかを聞いたり答えたりする** 1　復習　得意なこと、得意でないことを伝え合う。 2　単語練習（動名詞5つ程度） 3　状況設定・ダイアローグ練習 　A：You are good at swimming. Are you good at swimming the butterfly? 　B：No, I'm not. But I'm good at swimming the backstroke. 4　アクティビティ　得意かどうかを聞き合う。 5　アクティビティ　できること、得意なことを聞き合う。 　A：Can you swim?　B：Yes, I can. 　A：Are you good at swimming?　B：No, I'm not. I'm not good at swimming.	○			自分ができることやできないことを言ったり、友達ができることやできないことを聞いたりすることができる。【観察】

4	**友達について、得意かどうかを言ったり聞いたりする** 1　復習　隣の友達にインタビュー　Are you good at ~? 2　状況設定・ダイアローグ練習　教師が尊敬する人について紹介する。 　　He is ~. He can ~. He is good at ~ing. He is nice. 3　アクティビティ　1の活動で聞いたことをもとに、友達の得意なことを言う。　She/He is good at ~ing. 4　アクティビティ　ペアになり歩き回る。ほかのペアと友達を紹介し合う。 5　Let's Listen 2 に取り組む。 6　隣の友達の紹介をできるだけ長く行う。（ほめる）		○		自分や第三者について、できることやできないことを、考えや気持ちも含めて伝え合う。【観察】
5	**自分や友達のできること、得意なことを伝え合う** 1　復習　I can ~. I'm good at ~ing. 2　復習　自己紹介　I can ~. I'm good at ~ing. （p.69のActivity1） 　　二人の友達と自己紹介をし合ったら座る。 3　状況設定　She is Nami. She can play tennis. She is good at cooking. 4　アクティビティ　2で自己紹介し合った友達について、紹介する。 5　誰でしょうクイズをする　友達について説明をし、誰かを当て合う。 　　例 He is 11. He is good at kendo. He is from Minamimachi. He can play kendama. He can run fast. His shirt is blue. など。 6　Let's Listen 3に取り組む。		○		自分や友達についてできることやできないことなどを紹介し合っている。【観察】
6	**家族・友達自慢　家族や友達について紹介する（家庭環境に配慮する）** 1　復習　He/ She can ~. 2　復習　He/ She is good at ~. 3　復習　He is nice. She is nice. 4　状況設定　教師の会話を聞く。（家族や友人の紹介） 5　家族や友達から一人選び、紹介する文を考える。 6　紹介をし合い、感想を伝え合う。（Your father is nice! など簡単な英語で伝えてもよい） 7　文科省ワークシートUnit 9-2に取り組む。		○		家族や友達について、できることやできないことを、考えや気持ちも含めて伝え合っている。【観察、発表】
7	**学校自慢　先生や友達を紹介しよう** 1　復習　He/She can~. He/ She is good at~. He/ She is nice. 2　状況設定　教師の会話を聞く。（先生の紹介） 3　学校で働く人や上級生から一人選び、紹介する文を考える。 4　紹介し合う。 5　文科省ワークシート Unit9-3に取り組む。 6　紹介したい人を考え、調べておく。			○	紹介したい人の良さが伝わるように工夫して、教師や友達についてできることやできないことなどを紹介し合おうとしている。【観察、発表】
8	**（総合的な学習等と関連させてもよい）地域のすごい人を紹介しよう** 1　復習　He/She can~. He/ She is good at~. He/ She is nice. 2　状況設定　教師の会話を聞く。（地域の人紹介） 3　地域の人について紹介し合う。 　　He is 　　He is from Numata. 　　He 4　ポスターなどの掲示物を作り、掲示してもよい。			○	他者に配慮しながら、紹介したい人についてできることやできないことなどを紹介し合おうとしている。【観察、発表】

Ⅲ　文科省カリキュラムを基盤にする移行期の年間指導計画・単元計画　　129

④ 6年生単元計画　新カリキュラム　第5単元（全8時間）　　6学年（第33時～第40時）

<table>
<tr><td rowspan="2">単元名</td><td rowspan="2">5. My Summer Vacation

※We Can!1 使用

※文字指導を帯活動で行う。</td><td rowspan="2">目標</td><td colspan="2">・夏休みに行った場所や食べたもの、楽しんだこと、感想などを聞いたり言ったりすることができる。（知識及び技能）</td><td>We Can!2</td></tr>
<tr><td colspan="2">・夏休みに行った場所や食べたもの、楽しんだこと、感想などについて伝え合う。また、夏休みの思い出について簡単な語句や基本的な表現を推測しながら読んだり、例を参考に語順を意識しながら書いたりする。（思考力、判断力、表現力等）
・他者に配慮しながら、夏休みの思い出について伝え合おうとする。（学びに向かう力、人間性等）</td><td>p.34～p.41</td></tr>
</table>

言語材料	表現　I went to (my grandparents' house). I enjoyed(fishing). I saw (the blue sea). I ate (ice cream). It was [fun / exciting / beautiful / delicious]. 単語　grandparent, vacation, shaved ice,　動詞の過去形 (went, ate, saw, enjoyed, was), 自然 (beach, mountain, lake, river), 動作 (hiking, camping) 既出　my, it, sea, スポーツ、果物・野菜、飲食物、季節、動作、身の回りのもの、状態・気持ち
評価規準	・夏休みに行った場所や食べたもの、楽しんだこと、感想などを聞いたり言ったりすることができる。（知識及び技能） ・夏休みに行った場所や食べたもの、楽しんだこと、感想などについて伝え合う。また、夏休みの思い出について簡単な語句や基本的な表現を推測しながら読んだり、例を参考に語順を意識しながら書いたりする。（思考力、判断力、表現力等） ・他者に配慮しながら、夏休みの思い出について伝え合おうとする。（学びに向かう力、人間性等）
準備	児童：筆記用具、We Can! 2 テキスト 教師：We Can! 2 テキスト電子版、電子黒板（あらかじめ動作確認をしておく）、フラッシュカード（過去形、動作、食べものなど）

<table>
<tr><td rowspan="3" colspan="2">主な活動
※文字指導を帯で行う</td><td colspan="4">評価</td></tr>
<tr><td colspan="3">評価の観点</td><td rowspan="2">評価規準
【方法】</td></tr>
<tr><td>知</td><td>思</td><td>学</td></tr>
<tr><td>1</td><td>夏休みに行ったところについて伝え合う
1　前時までの復習
2　単語練習　場所
3　状況設定・ダイアローグ練習　夏休みの思い出に関する教師の会話を聴かせる。夏休み、ということがわかるようなイラストを提示する。
　A：I went to Ueno zoo.　B：Oh, I went to the library.
4　アクティビティ　週末に（昨日）行った場所を伝え合う。
5　アクティビティ　夏休みに行った場所を伝え合う。
6　文字指導　文科省ワークシートUnit 5-1
　I went to を中心になぞったり写し書きをする。</td><td>○</td><td></td><td></td><td>夏休みに行った場所を聞いたり言ったりできる。【観察】</td></tr>
<tr><td>2</td><td>夏休みに行ったところと感想について伝え合う
1　復習　昨日行った場所 I went to ~.
2　単語練習　形容詞　fun, exciting, great, beautiful
3　状況設定・ダイアローグ練習
　（夏休みに行った場所）Where did you go? I went to Kyoto. It was beautiful.
4　夏休みに行った場所と感想を伝え合う。
5　昨日（週末）行ったところと感想を伝え合う。
6　文字指導　文科省ワークシート Unit5-2　伝えたいものだけをなぞる。
　　　Unit 5-3</td><td>○</td><td></td><td></td><td>夏休みに行ったところと感想を聞いたり言ったりできる。【観察】</td></tr>
<tr><td>3</td><td>夏休みに食べたものを伝え合う
1　復習 昨日行った場所と感想を伝え合う。
2　単語練習 食べもの watermelon, shaved ice など。
3　状況設定・ダイアローグ練習　I ate watermelon. It was yummy.
4　アクティビティ　夏休みに食べたものを伝え合おう。
5　アクティビティ　今朝食べたものを伝え合おう。
6　食べたものの感想を言う練習　It was yummy. It was sweet. It was sour.
7　食べたものとその感想を伝え合う。（朝食、昨日の給食などでもよい）
8　文字指導　文科省ワークシート　Unit 5-4に取り組む。</td><td>○</td><td></td><td></td><td>夏休みに食べたものを聞いたり言ったりできる。【観察】</td></tr>
</table>

4	**夏休みに楽しんだことを伝え合う** 1　復習　朝ごはんに食べたものとその味を伝え合う。 2　復習　週末に行ったところ、食べたものを伝え合う。 3　単語練習　hiking, fishing, camping, swimming, shopping 4　状況設定、ダイアローグ練習 　I went to Tokyo. I enjoyed shopping. 　I went to Oze. I enjoyed hiking. 5　マッチングゲーム　行った場所と、そこに合う行動を結びつける。 6　夏休みに楽しんだことを伝え合う。 7　夏休みに楽しんだことと感想を伝え合う。 　I enjoyed fishing. It was exciting. 8　文字指導　文科省ワークシートUnit 5-5に取り組む。	○		夏休みに楽しんだことについて考えや気持ちも含めて伝え合う。 【観察】
5	**夏休みに見たもの、会った人を伝え合う** 1　復習　最近食べたおいしいものと、その味を伝え合う。 2　復習　最近行った場所と楽しんだことを伝え合う。 3　単語練習　flowers, 生きもの 4　状況設定・ダイアローグ練習 　I went to Tokyo. I saw my friends. 　I went to Oze. I saw beautiful flowers. 5　夏休みに見たもの、会った人を伝え合う。 6　夏休みに見たもの、会った人と感想を伝え合う。 7　Let's Listen 1に取り組む。	○		夏休みに行った場所、食べたもの、見たものについて、感想を含めて伝え合う。 【観察】
6	**夏休みの思い出を伝え合う** 1　went, saw, ate, enjoyed などの絵カードを見ながら、夏休みの思い出についてまとめる。 2　班になり、発表し合う。 3　上手な子、挑戦してみたい子は全体の前で発表する。 4　p.37 Let's Listen 2に取り組む。 5　文科省ワークシート　Unit 5-6を教師と一緒に読む。 6　行った場所についてポスターにまとめる。	○		夏休みに行ったこと、見たものなどを聞いて、質問をしている。 【観察、発表】 Did you~?
7	**「こうだったらいいな」日記を作ろう** 1　復習　昨日食べたものと感想を伝え合う。 2　復習　最近行った場所と感想を伝え合う。 3　復習　最近楽しんだことと感想を伝え合う。 4　復習　最近見たもの、会った人を伝え合う。 5　教師の話を聞く　わたしのうそ日記 　I went to Hawaii. I saw (有名人の名前). I was happy. I enjoyed swimming. 　I ate shark. It was yummy. 6　考えさせて発表させる。		○	自分で想像したことを、相手に伝わりやすいように発表している。 【観察・発表】
8	**「こうだったらいいな」日記を読み合おう** 1　前時までの復習をする。 2　伝え合う。 3　例文を真似しながら書く。 4　友達の英文を読み、感想を述べる。 5　読んで、誰のものかを当て合う。		○	友達が書いた文を読み合い、感想を伝え合っている。

文部科学省から出された、移行期間用テキスト、「Let's Try! 1、2」（3、4年向き）も、We Can！1、2（5、6年向き）も、次期学習指導要領の目標に合わせて作られていますので、現行の学習指導要領の目標や評価の観点で単元計画を作成をすると、学習内容と評価規準が合わなくなることがあります。

　平成29年9月に出された「移行期間年間指導計画案」には、「外国語活動」としての目標と観点が書かれています。

　Let's Try! 1、2や、We Can! 1、2の目標や観点は、新学習指導要領に対応して書かれており、特に、5、6年生の「聞くこと」「話すこと」については、「～できる」という表記になっています。

　移行期間の1年目は、まずはカリキュラムをどのように扱うか、どのように授業をし、「聞いたり話したり」できる子どもが育成できるのか、ということに重点を置き、徐々に評価について研修していけたらよいのではないかと考えています。

　ただし、5、6年生に関しては、今後は、「聞くこと」「話すこと」に関しては、「慣れ親しむ」ではなく「できる」ようにさせなければなりません。そのことを念頭において、授業をする必要があります。

　単元計画を立てる際にも、「できるようにする」ためにはどのように組み立てていけばよいのかを考えて、作成していくとよいでしょう。

Ⅳ 本格実施に備える！移行期２年間でやること

1 移行期1年目—短い時間でできる！ 効果的な校内研修
－参加型の研修アラカルト

1 校内研修でおすすめの活動

　英語を教えることに前向きな先生も、「英語を教えることになるなんて」と戸惑いを隠せない先生もおられます。

　英語教育に戸惑いを感じるのは当然です。何十年もの間、中学校から始まるのが当然だったのです。

　楽しい校内研修をして、１人でも「英語を教えることは楽しいんだ。」と感じる先生が増えてくれたら、と思って、いつも校内研修をしています。

　校内研修でやると楽しい、参加型の活動をご紹介します。

　TOSS Sunny というサークルがあります。代表の井戸砂織氏（愛知県小学校教諭）のセミナーに行くと、「体験型講座」があります。実際にやってみることで、次の日の授業に生かせるばかりか、子どもたちがこれまでになく楽しそうに授業に参加するので、「体験型講座」がより一層楽しみになりました。

　井戸砂織氏に教えていただいた講座を、校内研修に取り入れたことで、先生方も楽しく校内研修に参加してくださっています。

　校内研修でのアンケートの一部をご紹介します。

・子どもたちは、上手な発音の方をまねする、というお話、なるほどな、と思いました。今回のように、具体的な活動の練習ができるとうれしいです。
・自分から授業を作っていかなければ、という思いを新たにしました！　ただ…どんなことをすればよいのか不安もあるので、実践をやってみる今回のような研修はとても助かります。活動やゲームなど、やはりグループ内での実践を入れた研修が助かります。
・楽しく研修を進めていただきありがとうございました。担任が英語をやることには、気負いがありますが、「発音の問題は一旦おいておく」という話を聞いて、少し気が楽になりました。いろいろなアクティビティを紹介していただきたいです。
・わかりやすい資料を用意していただき、担任として英語指導する不安が少し和らぎました。ゲームでのTTのやり方を教えてもらえて参考になりました。教員も楽しめるゲームが、子どもも楽しめるゲームなのだと改めて思いました。一緒に楽しめるようにしていきたいと思

います。自分で工夫したチャンツを作って、授業の流れを作っていきたいと思います。

・すぐに実践できそうなゲームや担任の動きなどを実践しながら見せていただき、わかりやすかったです。とても勉強になりました。ありがとうございました。今回やっていただいたような、ゲームやチャンツなど実践例を教えていただけるとうれしいです。

・教職員のための研修が開かれたことに感謝しています。具体的な活動を取り入れていただき、あたたかい気持ちになりました。発音の面や活動の面で、担任の役割を明確にしていただけてよかったです。年間20回程度の活動で3観点も文章表記するのは大変だな、と思います。文例を共有できるといいです。できれば、○をつけるくらいの評価にしてほしいところです。

・短い時間ではありましたが、とても参考になりました。実際の授業のようにやってくださったので、次からすぐ使えそうな気がしました。あと、楽しく笑顔で、が、大切だということがわかりました。実際の授業でやったことなどを、今回のような形でやっていただけるととても参考になります。いろいろ準備等お疲れ様でした。ありがとうございました。

様々な学校で校内研修を行っていますが、参加型にすることで、先生方も楽しく取り組んでくださっています。こういった活動を、15～20分という短い時間で、年に数回行うとよいです。

これからご紹介する活動は、全て元実践は井戸砂織氏です。

研修の際に準備するものは、犬、猫、豚、牛、馬の5枚の絵カードです。研修に参加する先生の人数の半分はあるとよいです。30名おられたら、15セットあるとよいです（最低でも、3人グループに1つ配るとして、10セットです）。

〈裏面〉

ラミネートするのではなく、ケント紙、なければ、イラストを普通紙に印刷し、画用紙などに貼ることもできます。裏面にペンで見やすいように、英単語を書き、滑り止めのセロハンテープを貼ります。

dog	セロハンテープ

体験型校内研修　その1　フラッシュカードのめくり方

①カードは後ろから前にめくる。

②テンポよく言う。

③目線は子ども。

④笑顔でめくる。

⑤めくる人と話す人は同じ。

⑥絵付きカード。

⑦絵はすみずみの子どもまで見えているか。

⑧練習させすぎていないか（単語数が多すぎると練習の時間が長くなる）。

⑨教師も楽しむ。

⑩子どもが楽しそうに言っているか常に見る。

⑪的確なタイミングでほめる。

⑫最初から大きい声を求めない。全員がきちんと言っていることが大切。

「自分の声が聞こえるように言いなさい。先生の英語を聞いて、自分の英語と比べて修正して、そうして話せるようになります。」と声かけをすることもありますが、楽しくなれば、徐々に声が出てくるようになります。

T：教師　　　S：児童　　　Ss：全体

単語練習
2回→1回→0回
（2回）
T：Repeat! dog　Ss：dog　　T：dog　　Ss：dog
T：cat　　　　Ss：cat　　T：cat　　Ss：cat
T：pig　　　　Ss：pig　　T：pig　　Ss：pig
T：cow　　　　Ss：cow　　T：cow　　Ss：cow
T：horse　　　Ss：horse　T：horse　Ss：horse
（1回）
T：dog　　　　Ss：dog
T：cat　　　　Ss：cat
T：pig　　　　Ss：pig
T：cow　　　　Ss：cow
T：horse　　　Ss：horse
（0回）教師はカードをめくるだけ
Ss：dog, cat, pig, cow, horse　　　T：Very good!

「後ろからめくらなくてもいいのではないですか？」という質問を受けました。

「カードをめくりながら、教室のすみずみまで、子どもの顔を見ることができればどのようにめくってもよいと思います。」とお答えします。

カードの裏には、英単語が書かれています。

後ろから前にめくる際、「ちら」っと、単語を見ます。

前からめくるならば、絵を見てから発音することになり、目線が下に落ちます。その少しのタイミングの差で、リズムが崩れます。

ですから、私は後ろからめくります。

前からめくっても、リズムが保てて、子どもたちに目線が行き届くのならば、それでもよいと考えていますが、それができている人は、まだ見たことがありません。

もちろん、後ろからめくるにしても、子どもたちをきちんと見て、笑顔でめくるためにはある程度の練習が必要です。

私が中学校から小学校に異動して、図工を教えることになった際には、頭を抱えて、本を読みながら、同じ絵を何回も何回も描きました。子どもに教える前に、何回も描きました。算数を教えなくてはならなくなり、空き時間に他の先生の授業を見せていただきました。学びにも行きました。家で準備もしました。

運動会のダンスを教える前には、鏡のように踊れるように練習をしました。

Ⅳ　本格実施に備える！移行期2年間でやること　　135

| 参加型校内研修　その2　　単語練習⇒状況設定・ダイアローグ練習 |

　状況設定とは、「どのような場面でその会話がなされているのかを明確にした上でダイアローグ（対話文）を聞かせること」です。

　ここを工夫することがとても重要です。様々な工夫がTOSSランドに載っていますが、校内研修ではフラッシュカードだけでできるものを紹介しています。

　これを基本形として、子ども相手にスムーズにできるようになったら、工夫をしてください、と言います。

①単語練習　2回⇒1回⇒0回　（前頁参照）

②状況設定

　What's this?　と聞きながらカードをパッと見せる。

　答えた子をほめる。It's a 〜. と2回リピート

　What's this?　と言って少しだけカードを見せる。It's a 〜. と答えた子をほめる。

　　　　　　It's a 〜. と2回リピート

　再度 What's this?　と言って少しずつカードを見せる。

　　　　　　It's a 〜. と答えた子をほめる。It's a 〜. と2回

　※この時のカードのめくり方を工夫するとよいです。

③ダイアローグ練習　答え方　カードを見せてIt's a 〜. 1回リピート×2回

④ダイアローグ練習　教師が聞いて児童が答える。

　T：What's this? Ss：It's a 〜. T：What's this? Ss：It's a 〜.

　T：What's this? Ss：It's a 〜. 個別指名　1,2,3 stand up.　ほめる！

⑤ダイアローグ練習　尋ね方。

　T：What's Ss：What's T：What's Ss：What's T：this Ss：this T：this Ss：this

　T：What's this? Ss：What's this? T：What's this? Ss：What's this?

⑥ダイアローグ練習　児童が尋ねて教師が答える。

　T：Question, answer, 1,2.

　Ss：What's this? T：It's a 〜.　What's this? It's a 〜.

　Ss：What's this? T：It's a 〜. 個別指名　1,2,3 stand up. ほめる。

| 参加型校内研修　その3
状況設定フラッシュカードを使った状況設定・ダイアローグ練習 |

※準備物　英語フラッシュカード基礎編1、3（正進社）

①単語練習を。2回⇒1回⇒0回（単語練習のカードもついている）

　単語練習のカードを置く。

②タイトルを言う。

③タイトルの紙を置く。

④聞かせる。カードの裏面にある英文を読む。

⑤リピートさせる。1回⇒0回

　（言いにくそうな表現は、ゆっくり言ったり、何回か言わせたり、区切って言わせたりする）

⑥Aパートが教師、Bパートが子ども。

⑦Bパートが子ども、Aパートが教師。

⑧チャレンジャー。

　教師がAパート、手を挙げた子がBパート。

　2名指名して、AパートBパートそれぞれさせる⇒ほめる。

⑨アクティビティ。

② 模擬授業をしよう

　放課後の10分でもよいので、模擬授業をするとよいです。45分の全てを行うのは難しいので、「単語練習」をやってみたり、「状況設定」をやってみたり、と絞って行うとよいでしょう。

　単語練習も、できているようで、もしかしたら、目線が子どもたちに行っていないかもしれません。

　端の席の子が、見えていないかもしれません。

　声が聞き取りにくいかもしれません。

　自分では気付かないことがわかり、授業改善につなげることができます。

　新しい活動を思いついた先生がいました。実際にやってみると、子どもの動きが複雑だったり、カードがたくさん必要だったり、と問題が見えてきました。でもみんなで考えれば、それを解決するよいアイデアが生まれます。

　校内研修の度に2名が5分行う、というものであれば、負担感は少ないかもしれません。準備ができなければ、単語練習だけでもよいのです。

　あるいは、第二木曜日の放課後に行う、学年ブロックで行う、など、校内研修以外の時間に行ってもよいでしょう。

　新しい活動をお互いに見せ合えば、お互いに、外国語の授業でのネタが増えていきます。楽しい活動が増えていきます。そして、それを工夫することで、新たなものが生まれていきます。

　そういった活動を記録していけば、学校の財産にもなります。

　練習方法も様々な工夫があっていいのだと思います。やっていって、慣れていったら、さらに効果的なものを生み出していけばよいのだと思います。

　完璧な指導方法はなく、よりよいものを追い求めていくことが、教師の仕事の一つだと思っています。

移行期2年目―評価の研修はどう行うか
－数値による評価をどうするか

1 評価の研修―ポイントはここだ

「話す」「聞く」中心の授業を行えるようになってきたら、「話せているのか」「聞けているのか」ということの評価をどう行うのか、校内研修等で研修を進める必要があります。

評定については、ガイドブック（p.28）に、

> 小学校高学年の外国語活動を教科として位置付けるに当たり、「評定」においては、中・高等学校の外国語科と同様に、その特性及び発達の段階を踏まえながら、数値による評価を適切に行うことが求められる。（略）
> 小学校外国語活動については、現行の学習指導要領において数値による評価はなじまないとされていること等を踏まえ、顕著な事項がある場合に、その特徴を記入する等、文章の記述による評価を行うことが適切である。

とあることから、
　高学年外国語科では「数値による評価」
　中学年外国語活動では「文章記述による評価」
とされています。

さらに、高学年では、

> 外国語の授業において観点別学習状況の評価では十分に示すことができない、児童一人一人のよい点や可能性、進歩の状況等については、日々の教育活動や総合所見等を通じて児童に積極的に伝えることが重要である

とあることから、高学年では、
　「数値による評価を行う」
　「よい点を総合所見等での文章表記する」
ことになります。

> 評価の方法や時期となると、少し曖昧な記述が続きます。（ガイドブック p.18）
> 具体的な「観点別学習状況の評価」及び「評定」の在り方については、英語教育強化地域拠点事業等における先進的な取組も参考にしつつ、子供たち一人一人に学習指導要領の内容が確実に定着するよう、学習指導の改善につながる取組が進められることが期待

> される。

としています。まだ曖昧であるように感じます。

　さらに次のように続きます。

【参考】外国語教育においては、評価について一般的に以下の考え方や手法が用いられている。

　1　評価方法の工夫

　　学習評価の際には、目標に準拠した評価として適切な評価方法を用いることが求められる。活動の観察やパフォーマンス評価（インタビュー［面接］、授業内の発表、児童が書き記したワークシートや作品等の評価）など、多様な評価方法から児童の学習状況を的確に評価できる方法を選択して評価することが重要である。

　　外国語活動などにおける「慣れ親しみ」に関する評価については、活動の観察やワークシートや作品等による評価が適切である。慣れ親しんでいる児童の姿を、単元の中で使用することが設定されている語句や表現を用いて活動を行っている状態と考えると、後日、評価をするのは不適切である。

　　なお、外国語科における「聞くこと」及び「書くこと」と「読むこと」の文字に関する評価については、活動の観察、ワークシートや作品（ポスターやパンフレット）の分析、ペーパーテスト等の方法が考えられる。「話すこと」の評価については、活動の観察、パフォーマンス評価、授業内の発表等の方法が考えられる。

　ここで断言されているのは、

①目標に準拠した評価として適切な方法を用いる。

②多様な評価方法から授業の学習状況を的確に評価できる方法を選択する。

③外国語活動の「慣れ親しみ」は観察やワークシート、作品等から評価をする。

④外国語活動の「慣れ親しんでいる姿」を後日評価するのは不適切である。

という4つです。それでも冒頭に【参考】と書かれていたり、「一般的に以下の考え方や手法が用いられている」という表現が用いられていたりするところに、曖昧さが残っているように受け取れます。

　外国語科の評価に関しては、「～等の方法が考えられる」とあるように、さらに曖昧な表記であるように感じられます。

「聞くこと」及び「書くこと」と「読むこと」の文字に関する評価

①ワークシートや作品（ポスターやパンフレットの分析）

②ペーパーテスト

等。

「話すこと」

①活動の観察

Ⅳ　本格実施に備える！移行期2年間でやること　　139

②パフォーマンス評価

③授業内の発表

等。

　そして、評価の時期に関しては、

> ・毎回の授業で見取るのではなく、単元や題材を通じたまとまりの中で最適な時期に行
> うのが適切である。
> ・ある程度長い区切りの中で適切に設定した時期において評価することが重要である。
> （ガイドブック p.28）

とあるものの、その適切な時期がいつであるのかについては、明記されていません。

　まだ手探り状態であるといってもよいでしょう。

　こういったことをもとに、校内研修で少しずつ研究していく必要があります。

　学校としての評価の方針、方法、体制、結果等について、校長のリーダーシップの下、日頃
から教師間の共通理解を図る必要がある（ガイドブック p.28）。

　学校全体で取り組まねばならない問題となってきます。まずは、新学習指導要領を読み合わ
せて、能力を整理していく必要があります。

② 今できること―授業中の見取り、観察

　担任あるいは専科としてやるべきことは、「授業中の見取り、観察」であると考えます。

【中学年】※慣れ親しみについては授業内で行う。

①授業のアクティビティで子どもと会話をする。その際、言えていない子は、その場でもう一
　度教えて言わせるが、授業後記録しておく。

②その子ができるようになるために、授業を振り返り、指導法の改善をする。

③次時に再度確認する。

④「自信をもって言っている」という状態に全員がなっていることを目指し、授業改善を続け
　る。

【高学年】

　パフォーマンステストの実施

　これについては、様々工夫をする必要があります。

①自己紹介、自分の宝物などの発表

　教室のすみずみまで届く声か。聴衆を見て話しているか。

②やり取りについて

　毎授業での観察。言えていない子への手立てを考える。

　指導法の工夫、改善。

③やり取りについて

学期末に１授業評価の時間を設ける。

教師の問いに答えられるか。

イラストを見て、教師に質問できるか。

既出の表現を使ってどの程度会話が続けられるか。

これらを点数化する。

単元ごとにパフォーマンステストをしたいところですが、時間が大幅に取られます。

言えていない子、自信がない子をきちんと把握し、その子への手立てを考えたり、友達同士でサポートし合う雰囲気づくりをしたりすることが優先されるべきだと考えます。

③ 先進校の取り組みを参考にする

文部科学省の事業として「英語教育強化地域拠点事業」というものが平成26年度から４年間行われていました。ただ、その時には今のような観点は示されておらず、新観点での評価に関する研究が、そこまで深まっていないのが現状でしょう。

様々な拠点校での資料を手に入れることもできるかと思いますので、文部科学省のホームページから、各学校に連絡をとり、資料を手に入れて研究をするのもよいです。中には、１年生からパフォーマンステストを行っている学校もあるようです。

また、群馬県沼田市の拠点校では、「聞くこと」や「話すこと」（次期学習指導要領でいう「知識・技能」）に関するミニテストを行い、数値による評価を行っていました。「妥当性」「信頼性」があるかとなると、チームを立ち上げたり、専門家に聞いたりする必要もあります。外部テストを実施するといったことも考えられるでしょう。

④ 中学校の協力研究

「知識・技能」としての「話すこと」や、「思考・判断」での「伝え合うこと」の評価は大変難しいです。例えば、同じ子どもの発表を聞いたとしてもある先生は「A」とし、他のある先生は「B」と付けるかもしれません。逆のこともありえます。

様々な中学校の英語の先生にもお聞きしました。

What sport do you like?

と聞かれた時にどう答えればAで、どう答えればBやCなのか。

「"Tennis." だけでも、通じるからAとする。」という先生と、

「I like tennis. としなくてはだめだ。」という先生と、意見が分かれます。

「相手意識」や「他者意識」についても、一体どのようなことができればよいのかを定義する必要があります。

こういったことをまず校内で議論していく必要もあります。

英語専科として移行期間にすべきこと

1 中学校英語教師が小学校で外国語の授業をする場合

（1）新たな教科を教えるつもりで、教材研究をする

中学校英語教師が、小学校で外国語の授業をする可能性もあります。その時のポイントは、 中学校英語とは違う教科と思って授業をする ということです。

中学校で5年間、英語を教えていたことがありました。

小学校に勤務することになり、「英語を教えてみたら。」と言われました。教科書がなく、教材もなく、途方に暮れました。小学校では、「国際理解教育」として扱われていました。

まもなくすると、5、6年生で外国語活動が始まりました。その頃、向山浩子氏の著書を手に取りました。中学校で、教科書通りに教えていたのとはまるで違うものでした。

中学校の前倒しではない、とよく言われます。小学校の英語は、全く別物と捉え、これまでにどのような実践がなされてきたのかを調べることから始めるとよいです。

優れた実践がたくさん見つかるはずです。

小学校英語攻略ポイント① 「聞き話す」指導⇒「読み」「書き」へつなげる

「聞くこと」「話すこと」が中心となりますが、聞いたり話したりする活動をするためには、イラストを用いたカード類が必要になります。

What's this? という文を教えるとします。英文を板書し、意味を日本語で板書し、英文にカタカナを振る。そのような授業は小学校には馴染みません。体験的に、その意味を理解させる必要があり、体験的に、言えるようにしていく必要があるのです。まずは文字を介さず聞いたり話したりします。

小学校英語攻略ポイント② わかりやすいイラストを使う

絵カードを使います。絵カードに文字を添えることもあります。ポイントは、そのイラストが子どもたちにとって、わかりやすいかどうかです。そのイラストを見て、単語が想起できるのか。推測できるのか。デフォルメしすぎたものを見ると、絵の面白さばかりに気持ちが惹きつけられてしまい、英語を聞いたり話したりすることに集中できなくなります。シンプルでわかりやすいイラストを選ぶようにします。

小学校英語攻略ポイント③　活動形態を工夫する

　座って聞いてばかりでは、集中力が続きません。「相手意識」「他者意識」という観点からも、教師対児童、という活動形態ばかりにならないようにします。児童同士のやり取りが生まれるような活動を、必ず毎時間入れていくようにします。

小学校英語攻略ポイント④　指示は、わかりやすく短い英語で

　「オールイングリッシュで」と思うと、指示が長くなってしまうことがあります。長い英語を聞かせても、子どもたちには伝わりません。

　TOSS代表、向山洋一氏の「授業の原則十カ条」というものがあります。ここに、「一時に一事の原則」というものがあります。

　「一時に一事を指示せよ。」(『授業の腕をあげる法則』明治図書　向山洋一著)

　英語で文字を書かせる時に「鉛筆を出したら、プリントに名前を書き、終わったらなぞり、持ってきてください。」
　これでは先生が最初に何を言ったのかを覚えていられません。
　「鉛筆を出します。」(出させる)
　「プリントに名前を書きます。」(書いたのを確認する)
　「なぞります。」(なぞっているか確認する)
　「提出します。」
　このように分けて指示を出します。

小学校英語攻略ポイント⑤　中学校での即興のやり取りにつなげる指導

　公立中学校で、生徒が「即興のやり取り」を英語で続け、ディベートをする、という実践をなさっている先生がいます。北海道の中学校教師、加藤心氏です(実践については『教室に魔法をかける！英語ディベートの指導法』(学芸みらい社)をご覧ください)。
　TOSS型英会話指導の三構成法を取り入れています。特に、状況設定を重視し、コンテンツを作成し、どのような状況での会話かを明確に示しています。モノローグ指導ではなく、ダイアローグ指導により、臨機応変にやり取りできる生徒を育てています。
　加藤氏は、向山浩子氏の以下の主張を取り入れつつ、さらなる形に発展させています。
◆向山浩子氏の主張

（1）音声言語を聴いて、意味を把握しつつ
（2）しっかり声を出して応答の言葉を発した時
（3）ブローカ野とウェルニッケ野は繋がる

のである。

　それが listening と speaking を同時に学ばせなければならない理由である。「ブローカ野とウェルニッケ野を繋げる」これが学習者への英会話指導の第1歩である。

向山浩子『TOSS 英会話指導はなぜ伝統的英語教育から離れたか』

（東京教育技術研究所 2007 p.38）

◆加藤氏の主張

　「英会話指導のみならず、ディベートや討論などの意見や反論のやりとりにおいても、「listening と speaking を同時に学ばせ」、英語情報を行き来」させることを連続してどんどん行わなければならない。　（『教室に魔法をかける！英語ディベートの指導法』p.27）

　小学校で専科として教える時に、この子たちが中学校に行ったらどうなるのか、ということも考える必要があります。「中学校ではフォニックスを扱う時間がないから小学校のうちにやっておこう」「中学校で教える文法事項を順に教えていこう」ということのないようにしたいものです。

　私は、「原稿を用意しない」即興でのディベートを実現させた加藤心氏の実践に繋げるようなイメージで、小学校の授業を作っています。

（2）小学生の発達段階・特別支援教育について学ぼう

　小学生の45分間座ったまま授業を受けさせ、結果として子どもたちが座っておられず、手悪さを始めたり立ち歩きを始めたりしたとしたら、それは子どものせいではなく、教師自身が授業を見直さなくてはなりません。

　あの子は○○だから、と子どものせいにしていても、何も変わりません。発達障害に関する本を読んでおくとよいでしょう。いくつかご紹介します。

①『発達障害の子どもたち』（講談社現代新書）2007/12/19　杉山 登志郎 （著）

②『ADHD 症状を抑える授業力！―特別支援教育の基本スキル』（明治図書）2006/7/1　平山 諭（著）、甲本 卓司 （著）

③『学級担任必携！発達障がいの子どもを"教えてほめる"トレーニングBOOK』（明治図書）2012/3/1　小嶋 悠紀 （著）

④『新指導要領に対応した特別支援教育で学校が変わる！（トラブルをドラマに変えてゆく教師の仕事術）』（学芸みらい社）2018/1/21　小野 隆行 （著）

　英語専科に限らず、多くの先生におすすめしたい本です。

　実態把握や、発達段階を知るためには、休み時間に、子どもたちと遊ぶこともおすすめです。一緒に遊ぶことで、子どものよさがさらに見つかったり、今流行っているものがわかった

り、何より、心地よい信頼関係を結ぶのにとてもいいです。

　授業ではあまりお話しない子も、休み時間になると、元気いっぱいに遊んでいたり、体を動かすのが好きだったり、と、授業では見えてこなかった一面が見えてきます。

　Let's play ～.の単元で、2つの遊びから好きなほうを選ぶ、という活動を行います。そのクラスの実態によって、選ぶ遊びを変えます。

　一緒に遊んでみると、英語の授業では静かにしていた女の子たちが、実はとても活発であることがわかりました。サッカーをして、体をたくさん使って遊びました。

　サッカーが好きだな、とわかったので、サッカーを選択肢に入れました。英語の授業にニコニコとしながら参加して、手もたくさん挙げました。授業が終わると「先生、またサッカーしよう。」と言ってきました。

　乗り物が大好きな子がいました。乗り物を使った英語やローマ字の掲示物を作ったこともありました。休み時間に、その掲示物の前に行って、一緒にローマ字を指でなぞりながら、読んでいることもありました。

　一緒に過ごすことで、授業では見られない、いいところが見つかります。仕事がたくさんあり、遊んでいる場合ではない、と思うかもしれませんが、専科として子どもと接する時間はわずかです。十分な信頼関係を築くためにも、子どもと遊ぶ時間も大切にしたいものです。

② 小学校教師が専科教諭になる場合

　小学校教諭で、担任経験もあり、児童の発達段階や担任としての仕事を理解している先生が、専科教諭になることもあります。

　英語の学習を継続して行う必要があります。オンライン英会話、資格試験に向けての勉強などを行い、常に英語力をブラッシュアップさせることを意識します。

　また、いろいろな学級の子どもと接しなくてはいけないので、特別支援教育に関する研修も続けたほうがよいでしょう。

③ 専科教諭として2年間にやるべきこと

（1）校内研修を企画しよう

　専科制となっても、英語の授業の校内研修で英語の研修を企画し、学校全体で取り組んでいくことはとても大切です。先生方が今後専科のいない学校で働く可能性もありますし、低学年、中学年には専科がつかないこともあります。

　専科になったからといって任せきりにするのではなく、日本人全体の英語力アップのためにも、他の先生方を巻き込んだ研修を企画するとよいです。特に、評価の仕方については、共通理解するとともに、方法についても、一緒に考えていくとよいでしょう。前例のない、小学校英語での評価を、一人で研究をするのは大変ですし、妥当な評価方法なのかどうかもわかりません。

Ⅴ　英語専科として移行期間にすべきこと　　145

道徳も特別な教科となります。道徳の評価も大変です。

評価規準が変わりました。他の教科でも年間指導計画の見直しが必要です。

総合的な学習はどうするのか。

カリキュラムマネジメントは……？

小学校の先生方が抱える課題をしっかりと理解した上で、提案する必要があります。

外国語の評価は、技能面という点では、音楽、体育などに似ています。その場で見たり聞いたりしても、あとには残りません。どうやって先生方が評価をなさっているのか、とても参考になるはずです。

音楽の技能面の評価をどういった基準でしているのか。

水泳はどのように泳いだら A、B、C なのか。

そういったことを、先生方から教えていただく、という姿勢で、評価に関する研修会を開くとよいでしょう。

ポイントは、

難しい英語をぺらぺらとしゃべるのではなく、楽しく誰でもできる活動を紹介すること。

他教科の評価に関する先生方の経験・知識を生かした研修をすること。

この 2 つです。

④　他の教科の授業を積極的に参観しよう

できる限り他の教科の授業を積極的に参観し、子どもたちがどのように活躍しているか、どのような姿で授業を受けているかを見るとともに、どのようなことを勉強しているのかを知ることも大切です。空き時間があるようでしたら、見せていただく先生に事前に許可を得て、参観するとよいです。様々な教科を見るとよいでしょう。

他教科との横断的な授業をすることが可能になります。生活時刻を尋ねる What time do you get up? I get up at 6：00. の単元では、家庭科と関連させた授業ができます。What's this? It's a ~. の単元で、子どもたちが親しんでいる昆虫を扱うこともできます。

子どもたちの活躍が見つかることもあります。普段はおとなしい子が算数で活躍しているかもしれません。どの学年でどのような勉強をしているのか、発達段階も把握しやすくなります。

専科として子どもと接するのは、少ない場合は週に 2 回しかありません。そこで、子どもた

146

ちとの関係を築くには、授業以外の場面でもよいところを見つけてほめるとよいです。

　また、先生方の教え方から学ぶこともできます。小学校の先生方の中には、視覚的にわかりやすいよう、教材を工夫している方がいらっしゃいます。ほめ方、指名の仕方、体育の時の子どもの動かし方、などからも学びがあります。掲示物から、英語のポスターづくり、カードづくりのヒントも見つかるかもしれません。朝の会を見せてもらう。給食を一緒に食べる、というのもよいです。

5 楽しい雰囲気で授業を始める工夫

　前の授業にトラブルが起こり、学級全体が重い雰囲気になっていることもあります。そこを英語の授業に一気に切り替える必要があります。

①歌で切り替える

　私は、チャイムがなる少し前に教室に行き、休み時間のうちから CD を流していました。Head shoulders を流すと、子どもたちは自然と集まってきて踊りだすので、よく流しました。Hokey Pokey を流すこともありました。

　前の時間の出来事をガラリと切り替え、楽しく、笑顔で、授業を始める。

　週に 1、2 度の外国語、外国語活動の授業ですから、45 分間をフル活用したいものです。重い雰囲気で始まった授業を、途中から明るくすることは、なかなか難しいものです。
　周りが楽しい雰囲気になっていれば、休み時間のこと、前の授業のことなどを引きずって、暗い表情でいる子どもも、徐々に明るい表情になっていきます。

②温かい笑顔で授業を始める

　叱られていたからと言って、重い雰囲気をこちらまで引きずる必要はありません。楽しく明るい笑顔で、何事もなかったかのように始めます。

③アクティビティから始める

　突然単語練習から始める。
　Hello. I'm〜. と自己紹介から始める。

など、一気に授業モードに入っていきます。温かい笑顔で始めることが大切です。

V　英語専科として移行期間にすべきこと　　147

6 小中連携を推進する

（1）小中連携の年間指導計画・評価計画作成

　専科として、小学校の年間指導計画が系統立っているか見直していくことはもちろん、小中連携を意識した年間指導計画や評価計画を立てていく必要があります。

ステップ１　小中連携会議を開くことを、管理職に提案し、開催時期、回数を決める。
　　　　　　（できれば２ヶ月に１度以上、少なくとも学期に１回）
ステップ２　小学校、中学校とで、年間指導計画を共有する。
ステップ３　Can do リストを作成し、共有する。
ステップ４　小中連携会議で、年間指導計画、Can do リストを見ながら、系統立てる。
　　　　　　中学校は、小学校卒業時に何ができるか、ということを踏まえて、作成する必要がある。
ステップ５　評価計画をそれぞれが立てる。
ステップ６　評価の方法に関する情報交換を行い、系統立てる。

　特に、ステップ５、６では、小学校６年時のほうが、中学校１年生よりレベルが高いということもありえます。中学校は、小学校の新しい学習内容を踏まえて作成しなければなりません。

（2）教材を共有する

　小学校で使っていた教材を、中学校で使うことも可能です。特に、中学に入学したばかりの頃、小学校で使っていた教材を使うことで、安心して授業に臨むことができるでしょう。中学校でも最初から文字を見せて指導するわけではありません。イラストを使いつつ、文字に触れる時間が徐々に多くなっていくことでしょう。小学校で使っている教材を、中学校の先生たちも使えるように、共有するとよいです。

（3）互いの授業を見て、研究会を開く

　小学校・中学校でどのような授業が行われているのか、知っておくことはとても大切なことです。連携会議の中に、授業公開、授業研究会も含めておくとよいでしょう。
・小学校で学習したことが生かされているのか。
・生かすためにはどのような年間指導計画、あるいは授業にしたらよいのか。
・教材をどのように作っていくのか。
・評価をどのようにするのか。
など、互いの授業を見ながら連携をすることが大切です。

Ⅵ 小学英語授業づくりへの不安・疑問に応えるQA

Q1 テンションを上げるのが苦手です。テンションは高くないとだめなのでしょうか。

A　教師自身が楽しんで授業をすることはとても重要だと考えています。特に、笑顔は大変重要です。玉川大学教職大学院教授　谷和樹氏から「笑顔の練習をしていた」というお話を聞いた時、衝撃を受けました。毎日、鏡を見て、練習をするようになりました。

谷和樹氏は次のように言っています。

> 教師の「笑顔」は、その人の力量を雄弁に物語る。授業前の教師の表情を見ただけで、その力量は推定できる。　　　　　（『谷和樹の学級経営と仕事術』谷和樹著、騒人社）

外国語活動のコーディネーターとして様々な学級に入り、授業をしたり参観したりする中で、週に1度しか会わない子どもたちとの関係づくりに大切だったのは、やはり笑顔でした。こちらがニコッと笑いかけると、子どもも笑うのです。ここでいう笑顔とは、温かい笑顔のことです。

ミラーニューロンという脳内細胞があります。モノマネ細胞とも言われることがあり、他人の感情を自分のもののように感じるのは、この細胞のためだと言われています。

いやだ、つまらない、という気持ちでいるよりも、楽しい、もっとやってみたい、という気持ちで授業に臨むほうが、学習の効率も上がります。

テンションが高いとはどういう状態なのかは、人それぞれだと思います。無理に高くする必要はありませんが、少なくとも、子どもたちが安心できるような、温かい笑顔で授業を始めたいものです。

子どもたちに無理に大きな声を出させる必要もありません。「自分の声が自分に聞こえるくらいの声は出しなさい。」と言います。教師の話す英語を聞き、出力し、それを自分で聞き、修正しながら覚えていくからです。

周りの声に負けずにはっきりと自分の声が聞こえるくらいの声を全員が出していて、授業に集中している状態であるかを確認します。逆に、全体的には声が大きくても、一部の子だけが大きい声を出していて、声を出していない子が何人もいることもありますので、そういうことがないように、一人一人をよく見るようにします。

Q2 文字指導はどのように行ったらよいでしょうか。

A　文字指導に関しては、文部科学省から教材が出ましたので、そちらを中心に行っていくことになるでしょう。

　これまで使った教材で、子どもたちが楽しそうに取り組んでいたものをいくつか紹介します。

①アルファベットチャンツ（mpi社）

　チャンツで楽しくアルファベットと読み方を覚えられます。リズムよく楽しく学べました。

②アルファベットスキル（東京教育技術研究所）

　3、4年生ではアルファベットの大文字、小文字を学びます。アルファベットスキルは文字と文字の間が空いていて、書きやすいです。

③タブレット用のアプリ

　児童用タブレットがある場合には、アプリを使うとよいでしょう。指でなぞって、アルファベットを覚えるようなものもあります。Pinkfongの「楽しいABCフォニックス」は、一部無料でなぞり書きをすることができます。他にもあるので、実態に合ったものを使ってください。

　高学年に関しては、簡単で、かつ、よく使うダイアローグの英文を読ませることから始めるのがよいと考えています。状況設定カードに英文を書き、話せるようになってから、それらを指でなぞりながら一緒に読みます。

　子どもたちが学習した内容を使った動画を見せ、文字をなぞって一緒に読むのもよいでしょう。

　簡単な会話がアニメーションになり、You Tubeで公開されています。

　「English singsing」で検索すると見つかります。

　https://www.youtube.com/watch?v=AA5hOCxlRaI

　子どもたちが習う基本的な対話文が示されていて、英文もついているので、既習のダイアローグを復習する時や、十分に聞いたり話したりした対話文を読ませるのもよいでしょう。この場合、動画を見せ、英文を聞かせてから一時停止し、英文を指でさしながら、一緒に読むとよいでしょう。

　この動画は大変よくできていますが、状況設定には、やはり、先生方の声を聞かせてほしいと思います。

Q3	勤務校では、「Repeat after me.」はダメだとされています。効率的に、新しい単語、ダイアローグを習得させる方法がありましたら教えていただきたいです。

A　Repeat after me. と言ってはいけない、というのではなく、繰り返し練習がいけないのでしょうか。もし Repeat after me. と言ってはいけないのだ、と言われているのなら、その理由をお聞きするとよいでしょう。

　おそらく、Repeat! と言わなくても子どもたちが自然と英語を口にしたくなるような授業をしなさい、ということかと思いますが、もしダメだとするならば、代案を示すべきです。

　「Repeat!　と言わなくても、子どもたちが楽しく英語を何度も口にする指導法があります。それはこのようなものです。」とお聞きし、具体的にお示しいただくとよいでしょう。

　子どもの実態は学級に応じて異なります。たった1つの指導方法を全てのクラスに押し付けるのは難しいです。

　ご紹介した単語練習は、Repeat! と言わなくても、子どもたちはカードを見れば、楽しそうに練習を始めます。Repeat after me!　と言わずに、楽しく口にしていますので、問題はないわけです。

　繰り返し練習がいけないのだ、ということだとすれば、その根拠もお示しいただくよう、お願いするとよいでしょう。自転車も、跳び箱も、ピアノも、練習をしなければできるようにはなりません。

　問題は、練習のさせ方です。

　おそらく、研修ガイドブック（p.19）に次のようにあるからでしょう。

　言語活動と切り離して、単語をリスト化して覚え込ませたり、文の一部を言い換えさせたりする「パターン・プラクティス」のような機械的な練習は求められていない。意味のある言語活動を通して、児童に繰り返し体験的に理解させることが重要であり、「知識及び技能」は体験の結果として身に付くものであることに留意したい。

　機械的な練習とは、意味をつかませず、状況も把握しない練習です。意味もわからず英文を繰り返しても、身につきません。だからこそ、今回の指導要領では「場面を明確にすること」が強調されているのです。

　単語や英文の意味もつかまず、ただ繰り返すのでは身につきません。

　場面をきちんと把握し、意味をつかんだ上での口頭練習は、機械的な練習には当てはまらないと考えます。

　言えるようになるのは、アクティビティを通してです。口頭練習は、自信をもってアクティ

ビティに参加するためにも必要です。

　周りの友達が言えているのに自分だけ言えない、というほうが、英語嫌いを生むのではないかと考えます。

　楽しく、明るく練習をすること、練習をさせすぎないことが大切です。

Q4　慣れ親しみと言われて、単語練習がだめだというような雰囲気があります。どうしたらよいでしょうか。

A　Q3と似ています。先ほど紹介したガイドブック（p.19）をさらに読んでいくと、このような記載があります。

　児童は大人に比べて音声をまねることや、繰り返すことを厭わない傾向がある。この児童期の特性を生かして、英語の音声やリズムなどに慣れ親しませることは、中学年の児童にとっては大切な活動となる。例えば、apple の発音ひとつとっても、大人はなかなかカタカナ発音から抜け出せないが、児童は難なく英語の発音をまねることができる。何度も繰り返すことによって英語の単語には強勢（強く読むところ）があって、それが英語のリズムを作っていることに気付くようになる。

　「何度も繰り返すことによって英語の単語には強勢があって……」とあります。何度も繰り返すことを前提としていますので、繰り返すことに問題はないでしょう。ただし、「言えるまで練習しなさい。」なんて怖い雰囲気を作ってはよくないと思いますので、楽しく、子どもが何度もつい口にしてしまう練習なら問題ありません。

　また、「慣れ親しみ」といっても、できるようにさせてはいけないわけではありません。5、6年生で「話せるようになる」ことを目指すならば、3、4年生のうちに、その時間に習った単語や表現は、言えるようになったほうがよいでしょう。ある程度自信をもって言えなければ、アクティビティやゲームを楽しむこともできません。

　楽しく、明るく、できなくても叱らず、少しでもできるようになったことをほめる。

　「言いなさい。」と言わなくても子どもがついつい口にしてしまうような練習方法を取り入れるなど、「練習」に見えないけれど「何度も言ってしまう」状態をつくっていくことが大切です。

　井戸砂織氏の授業では、「楽しくて何度も言っているうちに、単語や表現を言えるようになっていく。」ということが体感できます。ぜひ、一度、セミナーなどで受けてみることをおすすめします。

Q5 単元のゴール活動で、お店屋さんなどを設定することがありますが、お店屋さんのルール説明ややり方を理解すること自体が難しく、結局日本語の指示が多くなったり、児童の活動時間が短くなってしまったりしています。単元のゴール設定が大切と指導を受けますが、どのようなゴール設定、活動を組めばよいでしょうか。

A 手順をシンプルにして、デモンストレーションを見せます。

---

①クラスを2チームに分ける。

②Aチームがお店屋さん、Bチームがお客さん。

③ルールは、時間内にできるだけ買い物をすること。

④お店屋さんはペア。お客さんは1人。

⑤買ったものは袋に入れる。

説明をすると長くなりますが、実際にやってみせれば早いです。

◆教師の指示・発問・説明

T：Team A, お店屋さん , Team B, お客さん.

（教師2人がお店屋さん、児童1人がお客さんとなり、例を見せる）

T1, 2：What would you like?　　児童A：I'd like bread.

T1, 2：Here you are.　　　　　　児童A：Thank you.

T1：Bye!　　　　　　　　　　　児童A：Bye!

（買ったものを袋に入れるところも見せる）

この時に、相手の目を見なかったり、声が小さかったりする悪い例も示します。

　時刻を書いて、5minutes, many food！などのように指示を出すと伝わりやすいです。買い物ごっこの途中で、上手にできていた子をほめると、どのような姿がよいのかが子どもに伝わり、目標の達成につながりやすくなります。

　説明が長くならないようにするには、

①活動をシンプルにする。

②デモンストレーションで見せられないような複雑なルールは入れない。

ということが大切です。

Ⅵ　小学英語授業づくりへの不安・疑問に応えるQA　　153

Q6 チャンツの扱いについて。ALT や、外国語活動補助の先生、英語学習塾の先生がチャンツに反対の立場をとっています。私は素人なので、専門の先生の意見を聞いて、扱わないのがいいのか、とりあえずチャンツを扱ったほうがいいのか、チャンツによるとは思いますが、どうしたらいいでしょうか。

A　専門の先生ではなく、担任として、そのチャンツを子どもたちが楽しむのか、ということも大切にしてほしいです。一言でチャンツといっても、様々なものがあります。

　確かにこれは言わないだろう、というものから、これはとても楽しい！というものまで色々とあります。

　授業で使う前に、まずは、自分がやってみて楽しいかどうか、を確認してみてください。専門家といっても、英語の専門家ではあるけれど、そのクラスの子どものことは、担任の先生のほうがよくわかっているはずなのです。

　音楽の授業などを思い浮かべてください。

　「こういう歌が好きだ。」というのがあると思います。

　チャンツが速すぎるからといって、子どもに合わないわけではありません。ただし、英文が長くて速いものは難しくてできません。

　Longman chants の中に What time is it? チャンツがありました。教師にとっては速かったのですが、シンプルだったため、子どもたちは大喜びでした。

　チャンツは１つの手段であり、そればかりでは話せるようになるとは思えません。きちんと、状況をつかませた上で、対話形式で練習したり、アクティビティがしっかりしていれば必要はないと思っています。

　ただ、楽しいものもあるので、

①担任として、まず聞いてみる。

②模擬授業をして、先生方にお聞きする。

③やってみて、難しかったり楽しめていなかったりしたら、そのチャンツはやらない。

というのでよいと思います。

Q7 外国語・外国語活動主任として何を行えばよいですか。

A　今後、ますます外国語主任の仕事は、重要になってきます。

①フォントのダウンロード
　文部科学省が作成したWe Can！フォントがダウンロードできるようになっています。全ての職員のパソコンにインストールされていることを確認します。

②全教師が、We Can！フォントを使えることを確認する。
　We Can! フォントを使った英文の書き方を示します。校内研修で、We Can! フォントを使いながら、先生方が使えているかを確認するとよいでしょう。

③英語の授業で使うパソコンに、文科省デジタル教材 We Can! や Let's Try! がインストールされており、問題なく使えることを確認する。

④文科省のホームページや、文科省から出された文書をこまめにチェックする。

⑤文科省ホームページで公表された情報や出された文書を印刷し、ファイルしてまとめる。
　ファイルにはその資料名、出された年と月（あったら日付けも）を書く。重要な箇所を把握し、校内研修等で周知する。

⑥小学校外国語・外国語活動研修ガイドブックを印刷してファイルにまとめる。
　最低2冊（自分用、学校用）を用意し、重要箇所を紹介する。

⑦文科省から出されたワークシートを、学年別に印刷する。1ページ目から順に、ワークシートに番号を振る。ファイルに綴じて、学年主任に渡す。平成31年度も使うことから、年度末に一旦回収し、中身を確認する（番号を振ることで、ワークシートがそろっているか確認できる）。

⑧教材を管理する場所、貸出の方法を決める。
　各教室なのか、英語ルームのような場所を用意するのか。

Ⅵ　小学英語授業づくりへの不安・疑問に応えるQA　　155

Q8 何かしなくてはならないのはわかりますが、何から始めたらよいのかわかりません。まず、何をすべきでしょうか。

A　まず、外国語や外国語活動の授業の実態を把握します。授業を録画、あるいは録音をし、以下のことをチェックします。

①授業がチャイムで始まり、チャイムで終わっているか。

　時間管理ができているか、やるべきことが授業内でできているか、を確認します。できていなければ、説明が長すぎていないか、言葉を書き出します。時間配分についても再考する必要があります。逆に、活動が足りない場合には、少し多めに活動を用意しておくようにします。

②どのような活動がどのような順番で行われているか。

　十分に練習や慣れ親しませてから、活動に入っているか、状況設定（場面設定）はあるか、ゲームだけになっていないかを確認します。十分な練習がないままゲームに入ると、できていない子が現れます。

③それぞれの活動にどれくらいの時間がかかっているか。

　1つの活動に時間をかけすぎていないか、逆に短すぎないかを確認します。例えば、かるたに時間をかけすぎて、次の「自分の気持ちを伝える活動」の時間が短くなってしまったら、かるたの時間を設定して、守るよう意識します。

④子どもの発話量は十分か。

　担任の発話、ALT の発話、児童の発話のうち、どれが一番多いか。担任や ALT の説明が長すぎていないか。児童の発話が確保できているか。担任と ALT のバランスはどうか、などがわかります。ALT の発話や説明が多い場合、説明の代わりにデモンストレーションを行うようにするとよいです。担任が主導できているか、の指標にもなります。

⑤全ての子どもが活動に参加しているか。

　録画すると、授業中には見えない部分が見えてきます。一部の子が大きな声を出しているがために、全員が言っているように聞こえることもあります。前から動画を撮ることで、誰が言っていて、誰が言っていないかがわかります。言っていない子がいたとしたら、なぜ言わないのかを分析します。

⑥全ての子どもが言えるようになっているか。

　3、4年生は「慣れ親しみ」と言いますが、慣れ親しんだ結果言えないと、ゲームも活動も楽しくはありません。全員が言えていることを目標にします。

その上で、本書でご紹介したような1パーツを取り入れたり、三構成法を取り入れた授業を行ったりしていくとよいでしょう。

Q9 文科省から出された We Can! や Let's Try! はどのように扱えばよいでしょうか。

A　新教材の特徴として、最初にどのような場面で話しているのかを推測するために、Let's Watch and Think! という動画を見ます。興味を惹くような内容が多いです。Let's Listen があったり、ゲームが載っていたり、ワークシートとして使えるページもあり、とても画期的なテキストになっています。

しかし、移行期中の子どもにとっては難しいものもありますので、授業で使う前に確認をし、難易度、わかりやすさをチェックする必要があります。

Let's Watch and Think! は、場面がはっきりしていてわかりやすいものと、そうではないものとがあります。読まれている英文と、画像とが合っていないこともあります。フリスビーができる、と英文は言っているのに、走っている動画が流れています。これでは、意味を推測できません。状況設定としては、弱いものもあります。

授業前に必ずチェックをして、どの部分を使い、どれを使わないかを明確にしておくべきです。

Let's Watch and Think!　が難しければ、身近な事柄について書き、ALT や外部人材に英訳してもらったものを聴かせるのでもよいでしょう。

ゲームやアクティビティも、やってみるととても楽しいでしょう。

授業で使う前に、事前にチェックをし、実態やねらいに合った箇所を選んで使っていくとよいです。

以下、文科省教材の優れた点を挙げます。三構成法を基本としても活用できるものもあります。

①音声教材・動画教材が豊富で、ALT がいなくても授業ができるようになっている。国の名前など発音が難しい語彙の場合や、発音に苦手意識がある場合は、音声を流して聴かせることもできる。

②テキストの中に直接書き込めるページがあるため、ワークシートを作成・印刷する必要がない場合もある。

③英語の歌やチャンツが含まれている。デジタル版には歌やチャンツがあり、字幕あり、字幕なしを選ぶことができる。さらに、スピードを選択できるものもある。

④テキストと同時に活用できるワークシートのデータが公開されている。アクティビティや文字指導で使用可能である。

⑤巻末の絵カードを切り取って使ったり、切り取らずにそのまま使ったり、と、工夫して活用することができる。

VI　小学英語授業づくりへの不安・疑問に応える QA

〈参考文献〉

1. 『「小学校英語」子どもが英語を好きになる指導の究明』
   向山浩子著 （東京教育技術研究所）

2. 『TOSS 英会話指導はなぜ伝統的英語教育から離れたか』
   向山浩子著 （東京教育技術研究所）

3. 『授業の新法則化シリーズ「外国語活動」（英語）授業の新法則』
   TOSS「外国語活動（英語）」授業の新法則編集・執筆委員会著 （学芸みらい社）

4. 『教室に魔法をかける！英語ディベートの指導法』 加藤心著 （学芸みらい社）

5. 『新版 授業の腕を上げる法則』向山洋一著 （学芸みらい教育新書）

6. 『バイリンガルな日本を目指して イマージョン教育からわかったこと』
   マーシャル・R・チャイルズ著 （学樹書院）

7. 『ほんとうに頭がよくなる 世界最高の子ども英語』
   斉藤淳著 （ダイヤモンド社）

8. 『たった5動詞で伝わる英会話』晴山陽一著 （青春出版社）

9. 『世界の非ネイティブエリートがやっている英語勉強法』斉藤淳著 （KADOKAWA）

10. アルファベットチャンツ（mpi 社）

〈参考資料〉
【文部科学省資料】
  小学校学習指導要領（2020年度〜）
  小学校学習指導要領解説 外国語編・外国語活動編（2020年度〜）
  小学校外国語・外国語活動研修ガイドブック（2017年7月）
  グローバル化に対応した英語教育改革実施計画（2013年12月13日）

〈参考ウェブページ〉
  YOMIURI ONLINE ×上智大学

◎著者紹介

小林智子 （こばやし　ともこ）

群馬県沼田市立沼田東小学校教諭。東京外国語大学外国語学部卒。
TOSS英会話中央事務局副代表。文科省事業英語教育強化地域拠点
事業コーディネーター（H26年度〜H28年度）、群馬県英語アドバイ
ザー教諭（H29年度〜）

次世代教師シリーズ
英語がしゃべれる人になりたい！
──"小学生の夢を叶える"移行期のカンペキ準備

2018年8月15日　初版発行

著　者　小林智子
発行者　小島直人
発行所　株式会社 学芸みらい社
　　　　〒162-0833 東京都新宿区箪笥町31 箪笥町 SK ビル
　　　　電話番号 03-5227-1266
　　　　http://www.gakugeimirai.jp/
　　　　E-mail : info@gakugeimirai.jp
印刷所・製本所　藤原印刷株式会社
企　画　樋口雅子
校　正　菅 洋子
ブックデザイン　小沼孝至
本文イラスト　関口眞純（元小学校教諭、アタマげんきどこどこ
　　　　　　　　　　　　イラストレーター）

落丁・乱丁本は弊社宛てにお送りください。送料弊社負担でお取り替えいたします。
©Tomoko Kobayashi 2018 Printed in Japan
ISBN978-4-908637-78-0　C3037

『教室ツーウェイ NEXT』好評既刊

A5判 並製：172p
定価：1500円＋税
創刊記念1号

特集 アクティブ・ラーニング先取り体験！〈超有名授業30例〉

■向山氏の有名授業からALのエキスを抽出する　有田和正氏の有名授業からALの要素を取り出す　■野口芳宏氏の有名授業からALの要素を取り出す　■ここにスポット！ALの指導手順を整理する　■最初の一歩　かんたんAL導入・初期マニュアル　■授業のヒント大公開。今までで一番ALだった私の授業

ミニ特集＝発達障がい児　アクティブ・ラーニング指導の準備ポイント

A5判 並製：172p
定価：1500円＋税
創刊2号

特集 "非認知能力"で激変！子どもの学習態度50例！

■非認知能力をめぐる耳寄り新情報　■非認知能力を育てる指導場面→「しつけ10原則」　■リアル向山学級→非認知能力をどう育てているか　■非認知能力に問題のある子への対応ヒント　■特別支援教育と非認知能力の接点　■すぐ使える非認知能力のエピソード具体例　■非認知能力を学ぶ書籍ベスト10

ミニ特集＝いじめ──世界で動き出した新対応

A5判 並製：164p
定価：1500円＋税
3号

特集 新指導要領のキーワード100〈重要用語で知る＝現場はこう変わる〉

改訂の柱は「学ぶ側に立った指導要領」（元ミスター文部省の寺脇先生）。具体的には──子供にどんな見方・考え方を育てるか／授業で目指す資質・能力とは何か──となる。
教科領域ごとの改訂ポイントを詳述し、「学習困難さ状況」に対応した、役に立つ現場開発スキルを満載紹介。

ミニ特集＝いじめディープ・ラーニング

A5判 並製：172p
定価：1500円＋税
4号

特集 "合理的配慮"ある年間プラン＆教室レイアウト63例〈子どもも保護者も納得！快適な教室設計のトリセツ〉

新指導要領「子どもの学習困難さごとの指導」への対応で、教室の"ここ"が"こう"変わる！　■配慮が必要な子を見逃さない　■ないと困る支援・教材／あると役に立つ支援・教具　■今、話題の教育実践に見る合理的配慮 etc.──合理的配慮ある年間プランを立てるヒント満載！

ミニ特集＝アクティブ型学力の計測と新テスト開発の動向